인문 · 외국학도서 30

여행하며 만나는 독일어

이 성 만 지음

배재대학교출판부
PaiChai University Press

차 례

머리말

21세기는 지식정보화 글로벌사회이다. 이에 유럽문화, 특히 독일어권 문화체험에 대한 욕구가 학생뿐 아니라 일반인들에게도 확산되고 있다. 이에 걸맞게 전문분야의 독일어, 곧 여행 또는 광의의 관광 관련 독일어 지식도 절실히 요구되고 있다.

이제 외국어 교육도 단순한 일상회화의 형식과 수준을 넘어 직·간접적인 문화체험을 위한 자료와 가상공간도 제공되는 총체적인 모습을 가져야 할 것이다. 이런 맥락에서 이 교재는 관광독일어 중에서 독일어권을 여행하며 만날 수 있고 또 모든 여행상황에서 사용할 수 있는 독일어를 집중적으로 학습할 수 있도록 기획되었다. 따라서 이 교재는 관광전문인뿐 아니라 일반학습자에게도 유용한 독일어 학습 콘텐츠로서, 인터넷 공간을 이용하여 무한한 문화자료와 반복훈련 그리고 에티켓 학습 등 총체적인 학습을 할 수 있도록 다양한 인터넷 검색정보들도 제공하고 있다.

이 교재는 독일어권 여행에 관심있는 학생과 일반인 외에도 관련 여행사 및 숙박업소에서 필요한 독일어 능력을 기르는 데에도 주안점을 두고 내용을 반복훈련 할 수 있도록 나선형으로 구성하였다. 각 장은 먼저 주제와 관련 된 필수기본표현들을 훈련한다. 기본표현들의 활용공간이 듣고 말하기를 위한 대화연습과 이에 상응하는 연습문제 그리고 관련 홈페이지와 문화지식 코너이다. 문법설명은 대화와 독해에 반드시 필요한 것으로 한정함으로써 문법적인 사고에서 벗어나 어휘와 구문에 기초한 대화 중심 커뮤니케이션 능력 향상에 도움이 되는 것에 주목하였다. 이처럼 각 장의 주제들이 유기적이면서 나선형으로 구성되어 있어서 내용을 문화에 기초하여 듣고 말하고 쓸 수 있는 총체적인 능력을 신장시킬 수 있을 것이다.

이 책을 쓰는 과정에서 특히 「Deutsch im Hotel」(P. Barberis 외 지음)은 많은 도움이 되었다. 이 지면을 통하여 고마움을 표한다. 또한 어려운 출판사정에도 불구하고 이 책의 출판을 흔쾌히 허락해 준 배재대학교 출판부에도 감사를 드린다.

연자봉 연구실에서
지은이 이 성 만

독일어권 국가와 이웃들

유럽 지도를 보면 독일은 유럽의 심장부에 위치한다. 그래서 독일을 애워싸고 있는 국가들이 무려 9개국이나 된다. 북쪽으로는 덴마크, 서쪽으로는 네덜란드, 벨기에, 룩셈부르크, 프랑스가 있다. 남쪽으로는 스위스, 오스트리아, 그리고 동쪽으로는 폴란드, 체코 공화국과 인접하고 있다. 그러니 유럽여행의 출발지를 독일의 프랑크푸르트 시 공항이라 해도 무리가 없을 것이다. 실제로 유럽을 방문하는 한국인들은 특별한 예외가 아니라면 이 공항을 거친다. 그러니까 유럽여행의 시작은 독일여행이라 해도 이의가 없을 것이다.

독일어권 국가정보

1. 도이칠란트(Bundesrepublik Deutschland)

독일의 면적은 356.978 km^2로 남한의 약 3,7배(한반도의 1,6배)에 해당한다. 인구밀도는 230명/km^2 (1999)로서 인접 국가들에 비해 비교적 높은 인구밀도에 속한다. 지형적으로 독일은 북쪽이 저지대이고, 남쪽으로 갈수록 고지대로 형성되어 있다. 가장 높은 산은 독일 남부 바이에른 주에 있는 축슈피체 산(Zugspitze)(2.969m)이다.

독일의 기후는 대서양과 동유럽 대륙사이의 기후대에 속하고 기온 차가 심하지 않다. 여름, 겨울 가리지 않고 비가 많이 오는 편이고, 겨울 평균 기온은 북쪽 저지대는 1,5도, 산악지역은 영하 6도 정도이다. 여름 평균 기온은 저지대는 18도, 남쪽의 분지 지역은 20도 정도이다.

독일을 방문하기에 가장 좋은 시기는 5월에서 10월 사이인데, 이때가 최상의 날씨를 보이며 스키마니아를 제외한 모든 관광객들에게 최상의 시기이다. 이 기간에는 시도 때도 없이 비가 내리는 날도 적어서 쾌적한 여행을 즐길 수 있다. 특히 5월은 독일이 가장 아름다운 때이다. 비용을 아끼려면 11월에서 2월 사이의 비수기를 이용하는 것도 한 방법이다.

➡ 독일여행상식

▸ 독일요리(Deutsche Küche)

보기에는 상당히 투박하지만, 재료의 맛을 잘 살린 아기자기한 요리도 많다.

- 슈니첼(Schnitzel): 얇게 썬 고기의 독일풍 커틀릿
- 슈바이네브라텐(Schweinebraten): 돼지고기 로스트
- 마리니르터 헤링(Marinierter Hering): 청어 절임
- 자우어브라텐(Sauerbraten): 절임 쇠고기 로스트

▸ 맥주(Deutsches Bier)

남부의 바이에른지방, 북쪽의 함부르크와 도르트문트가 3대 산지이다.

- 필스너(Pilsner): 거품이 부드럽고 짜릿한 맛이 나는 맥주.

- 쾰쉬(Kölsch): 황색의 옅은 빛깔로 산뜻한 맛을 내는 쾰른산 맥주.
- 베를리너 바이세(Berliner Weisse): 신맛이 있는 베를린산 맥주.

▸ 와인(Deutscher Wein)

독일은 포도재배의 북쪽 한계지이다. 생산량의 80% 이상이 백포도주이다.

- 라인와인: 부드러운 리스링(Riesling) 백포도주.
- 모젤와인: 신선하고 산뜻한 맛의 와인.
- 바덴와인: 프라이부르크, 바덴바덴에서 생산.
- 프랑켄와인: 맛이 진한 남성적 취향의 와인.

[더하기]: 와인 등급은 포도를 따는 방법과 수확시기에 따라 달라진다.

- 카비네트(Kabinett): 제철(10월)에 충분히 익은 포도로 만들어진 고급와인.
- 슈페트레제(Spätlese): 제철보다 늦게 딴 포도로 만든 산뜻한 맛의 상급와인.
- 아우스레제(Auslese): 완전히 익은 포도로 만든 와인.
- 베렌아우스레제(Beerenauslese): 건포도상태의 포도알로 만든 최상급와인.

▸ 독일여행 시 주의사항

- 수돗물은 석회성분이 많으므로 생수(Mineralwasser)를 마시는 것이 좋다.
- 유료 화장실이 많으므로 잔돈(동전)이 필요하다. 남녀 화장실은 신사는 '**Herren**', 숙녀는 '**Damen**'으로, 아니면 간단히 **H**와 **D**로 표시하여 구분된다.
- 독일에서는 낚시를 할 때에도 허가가 있어야 한다. 각 주의 시청이나 지방관청에서 발행하는 '낚시허가증(Angelschein)'이 필요하다.

▸ 독일어권 국가 여행정보 홈페이지

- www.deutschland-tourismus.de
- www.deutschertourismusverband.de
- www.deutschlandreise.de
- www.worldnet.kbs.co.kr
- http://www.tourismus-schweiz.ch/
- http://www.oesterreich-hotels.ch/
- http://www.jugendherberge.de/de/
- http://www.youthhostel.ch/
- http://www.youthhostel.at/

Denmark
Baltic Sea
North Sea
Sylt
Schleswig-
Holstein
Helgoland
(Schleswig-Holstein)
(Hamburg)
Kiel
Fehmarn
Rügen
Usedom
Mecklenburg-
Western Pomerania
Schwerin
Hamburg
Bremen
Elbe
Netherlands
Ems
Lower Saxony
Pola
Oder
Saxony-
Anhalt
Berlin
Potsdam
Brandenburg
Hanover
Weser
Magdeburg
Elbe
North Rhine-
Westphalia
Dortmund
Duisburg
Essen
Düsseldorf
Saale
Leipzig
Saxony
Dresden
Cologne
Erfurt
Bonn
Thuringia
Rhine
Hesse
Belg.
Mosel
Wiesbaden
Frankfurt
Eger
Elbe
Main
Rhineland-
Palatinate
Mainz
Czech
Republic
Lux.
Saar-
land
Saarbrücken
Nuremberg
Moldau
Baden-
Württemberg
Stuttgart
Neckar
Bavaria
France
Danube
Isar
Inn
Rhine
Lech
Munich
Lake Constance
Aare
Switzerland
Austria

2. 오스트리아(Republik Österreich)

오스트리아는 지형적으로 3개 지역으로 나뉜다. 알프스 산맥 지역이 국토의 ⅔를 차지한다. 보헤미아 산맥 지역은 고지대인데, 대체로 고도 1,200m를 넘지 않는다. 수도 비엔나(Wien)를 중심으로 한 저지대는 동부의 1/4 정도를 차지하는데, 이 지대에서 주요 농업 활동이 이루어진다. 오스트리아의 전 지역에 다뉴브 강과 그 지류들이 흐르고 있다. 오스트리아의 북동부는 다습한 대륙성 기후를 띠며 남부와 서부의 알프스 산맥 기후와 대조를 이룬다. 서부 지역은 연 강수량 1,000㎜이며 동부 농업지역은 다소 적다. 저지대와 산이 많은 동부 지역의 평균 기온은 -1℃(1월)~20℃(7월)에 이르며, 3000m가 넘는 산들은 1년 내내 눈으로 덮여 있다.

▸ 오스트리아 여행 시 주의사항

- 11월 하순부터 많은 눈이 내리므로 겨울스포츠를 즐길 수 있다.
- 오페라, 음악연주회, 연극 등이 풍성한 나라다.

  1월 하순: 모차르트 페스티발(잘츠부르크), 비엔나 댄스 페스티벌
  2월 중순 - 3월 하순: 비엔나 연극 페스티벌
  5월 하순 - 6월 하순: 브레겐스 재즈 페스티벌
  7월 중순 - 8월 하순: 오페라 페스티벌(바덴), 클래식뮤직 페스티벌(비엔나)

3. 스위스(Die Schweiz, Confoederatio Helvetica)

스위스는 바다하고는 거리가 먼 완벽한 내륙국가다. 내수시장의 규모는 런던이나 파리보다 작다. 국민들은 무려 네 가지 언어를 사용한다. 지하자원이나 천연자원이라고는 수력과 암염 그리고 호수의 물고기밖에 없다. 스위스는 식민지를 가져본 적도 없다. 오히려 끊임없이 주변의 강대국들로부터 침략과 착취를 당했다. 유엔(UN) 회원국이기는 하지만, 유럽연합(EU) 가입국이 아니므로 자기네 상품을 무관세로 팔아먹을 수 있는 시장도 없다. 국내시장 물가가 이웃 EU 가맹국에 비해 터무니없이 비싼 것은 당연하다.

▸ 스위스 여행 시 유의사항

- 스위스는 독일이나 오스트리아처럼 가 안전한 지역임에는 분명하다. 그러나 이는 치안과 사회질서가 그렇다는 뜻이지 대중장소(공항, 기차역, 기차내, 정거장, 레스토랑 및 호텔)에서도 그렇다는 것은 아니다.
- 이런 곳에서는 도난사고(소매치기)가 잦은 편이다. 여권 등 분실 및 도난 사고의 70% 정도가 기차역과 기차 내에서 일어난다는 사실에 주목할 필요가 있다.

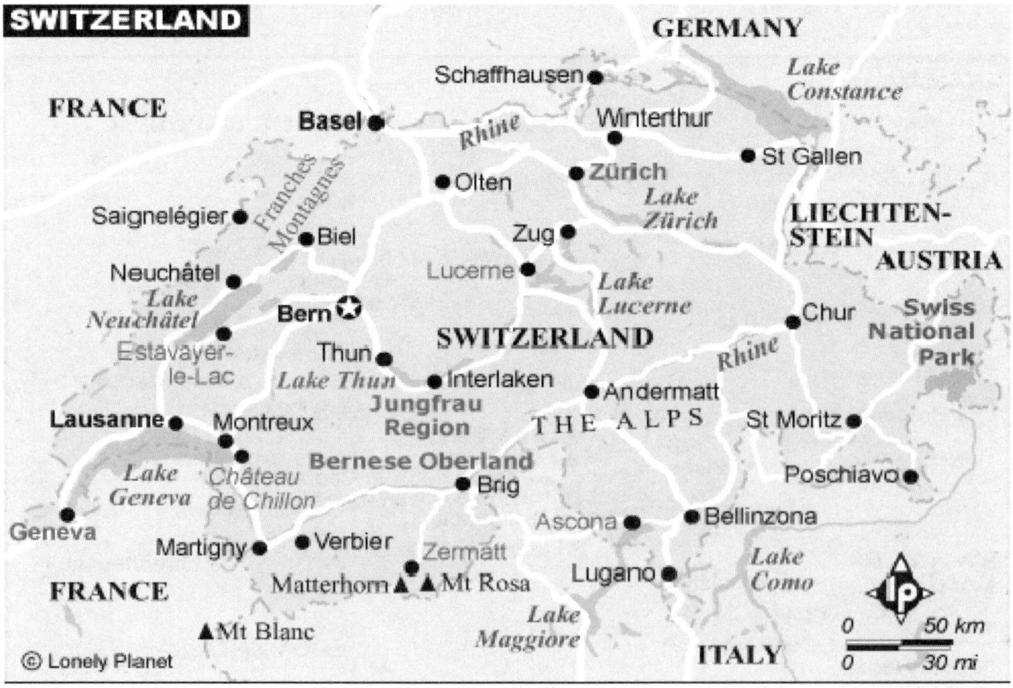

4. 리히텐슈타인(Liechtenstein)과 룩셈부르크(Luxemburg)

리히텐슈타인 공국(독일어: Fürstentum Liechtenstein)은 스위스와 오스트리아와 국경을 마주하고 있는데, 외교권과 국방권은 스위스에 있다. 면적은 160㎢이고, 인구는 약 3만 4천여 명이다. 주민 대부분이 독일계(Alemannic, 87.5%)이며 공용어로 독일어를 사용한다.

룩셈부르크 공국(Fürstentum Luxemburg)은 과거 끊임없는 전쟁의 잔재들이 혼합된 공국이다. 주요 민족은 게르만족이고, 언어는 독일어·프랑스어·룩셈부르크어가 쓰인다. 종교는 가톨릭 신자가 97%를 차지하고 있다. 기후는 온대성의 온화한 기후이고, 수도는 룩셈부르크이다.

▸룩셈부르크 여행 시 주의사항

- 주요 쇼핑센터는 룩셈부르크 구시가지의 기욤 광장을 중심으로 한 도로변이다.
- 룩셈부르크의 특산품은 도자기와 백포도주이다.
- 1970년과 1990년 사이에 세계적인 금융 메카로 성장했다.
- 유럽연합기구인 사법재판소가 1973년 1월부터 키르히베르크(Kirchberg)에 있다.
- 에히터나흐(Echternach): 오랜 유적지 도시로, 주변에 '작은 스위스'라고 불릴 만큼 경치가 빼어난 곳이 있다. 5월부터 한 달 동안 국제적인 축제가 열린다.

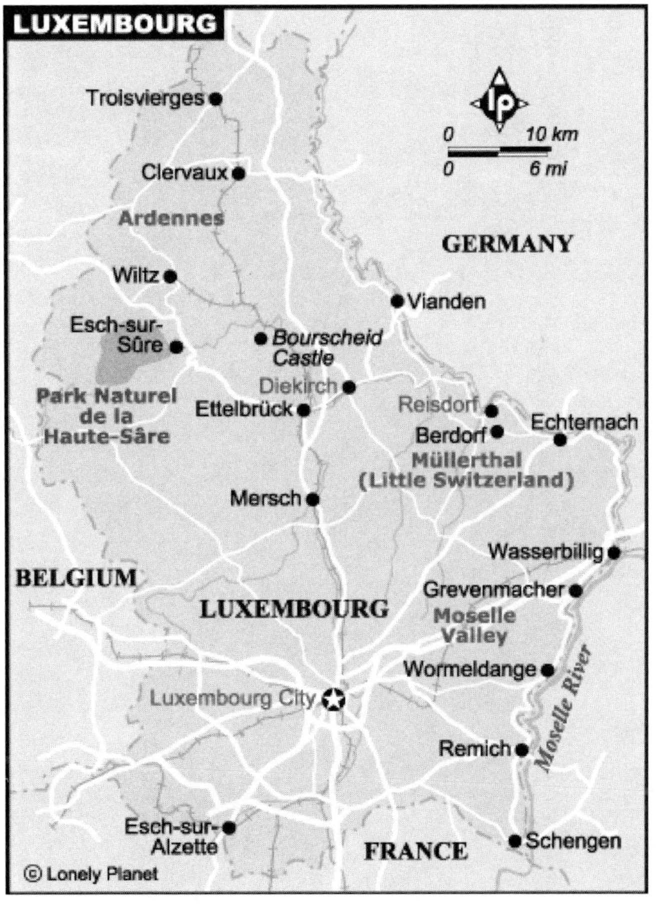

제1부

워밍업

<차 례>

노이슈반슈타인 성(Schloss Neuschwanstein)

제1장
독일어권 여행준비는 이렇게!

1. 여행준비물

(1) 여권(있으면 유효기간 확인, 없으면 신청)
- 구비서류: 여권용 사진 2매, 주민등록등본 1부, 병역관계 서류(병역의무자), 부/모의 여권발급동의서 및 동의인 인감증명서(18세 미만자)
- 발급기관: 외무부 여권과, 서울 → 각 구청, 지방 → 광역시청 및 도청

(2) 비자
- 독일어권 국가의 경우 3개월 이내 체류 시 비자가 필요 없고, 3개월 이상 체류 시에만 비자를 발급받아야 한다.
- 신청장소: 서울 → 독일대사관, 부산 → 독일영사관
- 구비서류: 어학연수기관이나 정규학교 입학허가서 원본 및 사본/초청장/어학원 등록증(3개월 이상 시), 비자신청서, 여권, 재정보증인 재산세 과세증명서, 최종 학교졸업/재학증명서(영문) 2통, 사진 2장(여권용), 비자수수료(25 유로)

(3) 기타 증명서
- 해외여행보험(선택)
- 국제운전면허증(렌터카 이용 시)
- 국제학생증(ISIC)(한국국제학생교류회 홈페이지: www.isic.co.kr)
- 유레일패스(Eurail Pass) 또는 저먼패스(German Pass): 독일 현지보다 한국에서 발급받는 것이 더 저렴하다.
- 유스호스텔 회원증(홈페이지: www.kyha,or.kr)

(4) 환전
- 현금: 유로(Euro)화
- 통화: 독일, 오스트리아는 유로화, 스위스는 스위스프랑(Swiss Franc)
- 신용카드(해외에서 사용가능한 것)

(5) 항공권

- 정상항공권: 가격은 비싸지만 유효기간이 1년이고 변경이 쉬움.
- 할인항공권: 유효기간이 짧거나 환불과 노선변경이 안 됨.
- 항공권 용어:
  - ⇨ 오픈티켓: 여행일정이 열려있는 것으로, 날짜가 정해진 항공권보다 비쌈.
  - ⇨ 픽스티켓: 여행일정이 정해진 것으로, 할인 폭이 큼.
  - ⇨ 스톱오버: 경유 편을 이용하면 출발이나 귀국 중 항공사 경유지에서 24시간 이상 체류하는 티켓.
  - ⇨ 오버부킹: 예약 취소를 예상하고 정해진 좌석보다 많이 예약하는 것.
  - ⇨ FOC(Free of charge): 15명이상 단체에 제공되는 무료티켓.
  - ⇨ SUBLO(Subject to load): 항공사 직원용 무상·할인 티켓.
- 항공권 확인사항:

  경유지와 도착지 확인, 출발시간과 도착시간, 성과 이름(반드시 여권의 이름과 같아야 함), 현지의 예약 확인 전화번호

(6) 항공권 보는 방법

기본적으로 From(출발지), To(도착지), Carrier(항공사), Flight(비행기 번호), Class(등급), Date(출발일자), Time(출발시간), Status(상태) 등이 들어있다.

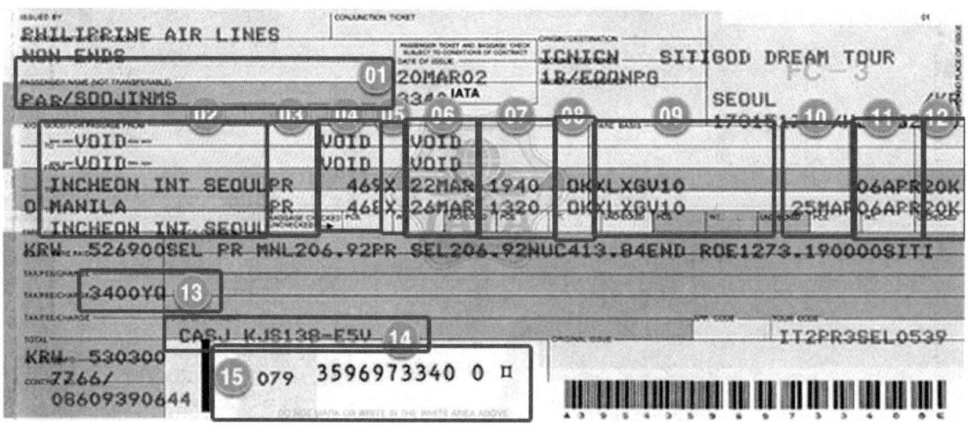

<설명>

ENDORSEMENTS : 할인 항공권을 구입한 경우 여러 가지 제한 사항

NON-ENDS : 타 항공사 이용불가

NON-REF : 요금 반환 불가

1. PASSINGER NAME(NOT TRANSFERABLE)

2. GOOD FOR PASSAGE FROM [여정이 없는 구간은 VOID로 표시됨]
여정 - 출발지, 경유지, 목적지의 도시명과 공항코드가 표기됨.
앞의 예에서 INCHEON INT으로 되어 있고 MANILA는 코드표시가 없다.

INT : 인천공항	SEL : 서울 김포공항
PUS : 부산 김해공항	NRT : 일본 나리타(Narita) 공항

3. 항공사('Issued by'와 'Carrier')
항공사명은 IATA규약에 따라 제정된 기호로서, 2자리 알파벳으로 표기된다.
LH : 루프트한자항공, SR : 스위스항공, AUA : 오스트리아항공

4. 비행기 편수('Flight')
항공편수와 항공사의 편명 표시(3자리 숫자)

5. 좌석의 등급표시(CLASS)
F : First class(1등석)
C, J : Business class(준 1등석)
Y, K, M : Economic class(2등석). 미국에서는 Couch.

6. 비행기 탑승일(DATE)
22MAR / 26MAR은 3월 22일 출발비행기를, 3월 26일 귀국비행기를 탄다는 뜻이다. 자유여행용으로 항공권만 구입하면 귀국일이 OPEN으로 되어 있다.

7. 탑승시간(TIME)
1940은 오후7시 40분에 출발비행기를, 1320은 오후1시 20분에 귀국비행기를 탄다는 뜻이다.

8. 좌석예약상태(Status)
OK : 비행기가 예약되어 있다.
OP : Open. 비행기 탑승시간 미확정 티켓으로, 언제든지 예약·탑승할 수 있다.
RQ : Request. 대기자 명단(Waiting list)에 들어있는 상태이다.

유효기간은 최소기간과 최대기간이 있는데, 비기재이면 무제한을 의미한다. 예약된 비행기 탑승 시 대개 2~3일 전에 Reconfirm!(확인 절차)이 필요하다. 미국행은 대개 불필요하나 Return trip(돌아오는 노선)은 반드시 필요하다. Open항공권은 언제든지 예약·탑승이 가능하다. 그러나 예약 시 Full booking (만석)인 경우 대기자 명단에 올릴 수 있는데, 예약자 중 Cancel(취소)하는 사람이 있을 때만 순번에 따라 예약이 확정된다.

9. 운임종류(FARE BASIS)
   항공권에 적용된 할인코드가 기재된다. 고객이 탑승날짜 변경을 요청하면 항공사는 이 코드를 보고 처리한다.
   GV10 : 그룹(GRP) 표시. CH25 : 어린이 표시

10. NOT VALID BEFORE (여행시작 가능일)
    예컨대 25MAR은 3월 25일 이전에는 출국할 수 없음을 뜻한다.

11. NOT VALID AFTER (여행 종료기한. 이 난의 날짜가 항공권 유효기간)
    예컨대 06APR은 4월 6일 이후에 입국할 수 없음을 뜻한다.

12. 수화물 탁송 제한사항(ALLOW)
    무료탁송 가능한 수하물의 수와 무게가 기재된다. 기준은 미주지역은 BAGGAGE 개수이고, 유럽을 포함한 미주 이외 지역은 무게이다. 탑승 CLASS별 무료 수하물 허용기준이 다르다. 예컨대 20K는 수화물 무게가 20kg까지 가능함을 뜻한다.
    - 미국 이외 지역의 허용 수화물 무게:
      Economy Class : 23kg / Business Class : 30kg / First Class : 40kg

13. TAX [YQ : 전쟁보험료]

14. 지불수단('Fare Calculation'): CASH & CARD 번호가 기재된다.

15. 항공권 번호(AIRLINE CODE와 FORM AND SERIAL NUMBER)
    13개의 숫자로 표기된다.

2. 독일어 알파벳과 발음

• 독일어 알파벳

A a [ɑ:]
B b [be:]
C c [tse:]
D d [de:]
E e [e:]
F f [ɛf]
G g [ge:]
H h [hɑ:]
I i [i:]
J j [jɔt]

K k [kɑ:]
L l [ɛl]
M m [ɛm]
N n [ɛn]
O o [o:]
P p [pe:]
Q q [ku:]
R r [ɛr]
S s [ɛs]
T t [te:]

U u [u:]
V v [fau]
W w [ve:]
X x [iks]
Y y[ʏpsilɔn]
Z z [tsɛt]
ß [ɛs'tsɛt]
Ä ä [ɛ:]
Ö ö [ø:]
Ü ü [y:]

• 독일어 발음

모음		자음			
음성	단어	음성	단어	음성	단어
[a]	hat	[b]	Ball	[tʃ]	deutsch
[a:]	Abend	[ç]	mich	[ʃp]	sprechen
[ɐ]	Vater	[d]	danke	[ʃt]	stehen
[ɛ]	sprechen	[f]	fein	[ks]	sechs, Text
[ɛ:]	zählen	[g]	geben		
[e:]	gehen	[h]	Haus		
[ə]	viele	[j]	ja		
[ɪ]	mit	[kʰ]	Kind		
[i:]	Ziel	[l]	Liebe		
[ɔ]	oft	[m]	Mädchen		
[o:]	Lohn	[n]	nein		
[ʊ]	Mutter	[ŋ]	lang		
[u:]	Fuß	[pʰ]	Paar		
		[ʀ]	warum		
[aɪ]	bei	[s]	missen		
[aʊ]	Haus	[ʃ]	schon		
[ɔɪ]	neu	[tʰ]	Tisch		
		[v]	wo		
[œ]	können	[x]	Loch		
[ø:]	schön	[z]	sehr		
[ʏ]	füllen	[ʒ]	Garage		
[y:]	fühlen	[ts]	Zeit		

제2장
독일어권 여행 기본표현

1. 생활표현

(1) 인사

Guten Morgen! (아침) 안녕하세요!
Guten Tag! (점심) 안녕하세요!
Guten Abend! (저녁) 안녕하세요!
Hallo!/Grüß dich! (상시) 안녕!
Wie ist Ihr Name?/Wie heißen Sie? 성함이 어떻게 됩니까?
Mein Name ist Monika Schwarz. 저는 모니카 슈바르츠라고 합니다.
Ich heiße Monika Schwarz.
Wie geht es Ihnen? - Danke, und Ihnen?
Wie geht's? - Danke, und dir? 어떻게 지내니? - 잘 지내. 넌?

(2) 소개

Darf ich bekannt machen? - Das ist Herr/Frau Kim.
소개할까요? - 이분은 김입니다.

(3) 작별

Auf Wiedersehen! = Wiesersehen![1] 안녕히 가세요!
Bis bald!/Bis später!/Bis morgen!/Gute Nacht!/Tschüs!
Gute Reise! 좋은 여행되십시오!

(4) 용서

Entschuldigung! = Excuse me!
Es tut mir Leid. = I'm so sorry!
Schade! = What a pity!

---

1) 'Auf Wiedersehen!' 또는 그 축약형인 'Wiedersehen!'은 공손한 표현이고, 그 변형으로 Ade!, Ciao! 등이 사용되는데, 전자는 스위스에서 주로 사용되고, 후자는 젊은 계층에서 주로 사용된다. 친칭으로는 Tschüs!가 많이 사용된다.

(5) 기원

Herzlichen Glückwunsch! = Congratulations!

Alles Gute! = All the best!

Viel Erflog! = The best of success!

Viel Glück! = Good luck!

Gute Bessserung! = Get well soon!

(6) 동의와 부탁

Richtig./Das stimmt. = Right./That's right.

Genau. = Exactly.

Das finde ich gut. = I think that's a good idea.

Das hört sich gut an. = That sounds good to me.

Wie bitte? = Pardon? Excuse me?

Ich verstehe Sie nicht. Bitte, wiederholen Sie es. = 못 알아듣겠습니다. 한 번 더 말씀해주십시오.

Wie heißt das auf deutsch? 이걸 독일어로 뭐라고 하지요?

Schreiben Sie es mir bitte auf? 그거 좀 써주시겠습니까?

(7) 거절

Ich will nicht. = I don't want to.

Dazu habe ich keine Lust. = I have no desire to do that.

Das kommt nicht in Frage. = That's out of the question.

Auf gar keinen Fall! = Certainly not!/No way!

(8) 선호

Das gefällt mir. = I like it.

Ich möchte lieber Kaffee. = I'd rather Coffee.

(9) 주저

Das ist mir egal. = I don't care.

Ich weiß noch nicht. = I don't know yet.

Vielleicht./Wahrscheinlich. = Maybe./Probably.

(10) 기쁨

Großartig!/Prima!/Toll!/Super! = reat!/Fine!/Fantastic!/Super!

(11) 놀람

Ach so! = Ah, I see!

Ach nein! = You don't say!

Wirklich?/Unglaublich! = Realy?/Incredible!

(12) 찬사

Wie herrlich! = That's fantastic!

Es ist wirklich traumhaft hier! = It really is lovely here!

Sie sprechen aber gut Deutsch. = Well, you speak good German.

Wir haben uns bei Ihnen sehr wohl gefühlt. = We felt very welcome here.

(13) 정보

Woher kommen Sie? - Ich bin aus Korea. 어디서 오셨죠? - 한국에서 왔습니다.

Sind Sie schon lange hier? - Ich bin seit gestern hier.

여기 오신지 오래되었어요? - 어제부터 여기 있습니다.

Sind Sie zum ersten Mal hier? 여기가 처음이십니까?

Wie alt sind Sie? - Ich bin 20. 나이가 어떻게 되죠? - 20입니다.

Was machen Sie beruflich? 무슨 일 하시죠?

- Ich bin Student(in). 대학생입니다.
- Ich arbeite bei Siemens. 지멘스 회사에 근무합니다.
- Ich bin Rentner(in). 연금생활자입니다.
- Ich gehe noch zur Schule. 아직 학교에 다닙니다.

Sind Sie verheiratet? 기혼입니까?

Was für Hobbys haben Sie? 어떤 취미가 있으십니까?

- Ich verbringe viel Zeit mit meinen Kindern.
- Ich singe in einem Chor.
- Ich spiele Gitarre.
- Ich sammle Antiquitäten.
- Ich interessiere mich für Bergsteigen.

Wie halten Sie sich fit? 건강은 어떻게 유지하십니까?
- Ich jogge/schwimme 조깅/수영합니다.
- Ich spiele einmal in der Woche Tennis.
- Ich gehe regelmäßig ins Fitness-center.

Haben Sie morgen etwas vor? = Have you got any plans for tomorrow?
Wollen wir zusammen hingehen? = Shall we go together?
Darf ich Sie zum Essen einladen? = Can I invite you for a meal?
Wann treffen wir uns? = When shall we meet?
- Um 9 Uhr vor dem Kino. Ich hole dich ab. = At 9 o'clock in front of the cinema. - I'll pick you up.

2. 관광표현

내용은 독일 프랑크푸르트로 떠나는 비행기 안에서부터 시작하여 공항 도착 후 다양한 교통수단을 이용하여 호텔에 도착하기까지이다. 그 사이에 병원과 약국 등에도 잠시 들리고 환전도 한다.

(0) 자리예약

Ich möchte einen einfachen Flug nach Seoul buchen.
= I'd like to book a oneway flight to Seoul.
Was kostet der Flug Touristenklasse/erste Klasse?
= How much is an economy class/a first class flight?
Ich möchte einen Fensterplatz./einen Platz am Gang.
= I'd like a window seat./an aisle seat.
Ich möchte diesen Flug stornieren/umbuchen.
= I'd like to cancel/to change this flight.

(1) 기내에서

Wo ist mein Sitz? 내 좌석이 어디죠?
- Sitznummer 20D. 좌석번호 20D입니다.

Darf ich bitte vorbei? 지나가도 될까요?
Geben Sie mir bitte Wasser(Kaffee, Cola, Bier, Wein, Saft)?
물(커피, 콜라, 와인, 주스) 좀 주시겠어요?
Kann ich eine Decke(ein Kissen, eine Zeitung) haben?
담요(배게, 신문) 좀 주시겠어요?
Was möchten Sie essen: Rindfleisch oder Hühnerfleisch?
- Rindfleisch, bitte!
쇠고기, 닭고기 중 무엇을 드시겠어요? - 쇠고기로 주세요.

Verkaufen Sie auch zollfreie Waren? 기내에서 면세품도 취급하나요?
Wie füllt man das Formular aus? 이 양식은 어떻게 작성합니까?

(2) 환승하며

Wo ist der Transit(tranfer counter, die Lounge, der Duty-free-Shop, der Anschlussflug für Korean Airlines, der Flugsteig für Lufthansa, Flugsteig 20)?
경유 카운터(라운지, 면세점, 코리아에어라인 연결 편, 루프트한자 탑승 게이트, 20번 게이트)가 어디죠?

Wo kann ich einschecken? 탑승수속은 어디서 할 수 있나요?
Wie ist die Flugsteignummer? 탑승게이트는 몇 번입니까?
Wann können wir einsteigen? 탑승은 몇 시부터입니까?
Wie lange haben wir Zeit bis zum Transfer?
환승까지 시간이 얼마나 있죠?
Ich habe den Anschlussflug verpasst. Kann ich das nächste Flugzeug nehmen?
연결편을 놓쳤는데요. 다음 비행기를 탈 수 있을까요?

(3) 여권심사 및 세관검사

① 공항의 입국절차:
여권심사 → 짐 찾기 → 세관검사
프랑크푸르트 공항에서는, 비행기에서 내려서 'Passkontrolle'(여권심사=passport check) 창구로 가게 된다. 파란색 안내표시판을 따라가서 'Nicht EU-Bürger'(비유럽연합시민) 창구에서 여권을 제시하면서 입국심사를 받는다.

Ihren Pass, bitte!	Your Passport, please!
Was machen Sie hier?	방문 목적이 무엇입니까?
- Ich bin Tourist./Ich studiere hier./Ich bin geschäftlich hier.	관광입니다./연수입니다./사업입니다.
Wie lange bleiben Sie?	얼마나 머물 거죠?
- Eine Woche.	일주일 입니다.
Wo wohnen Sie?	어디서 머물 거죠?
- In den Jugendherbergen.	유스호스텔입니다.
Sind Sie zum ersten Mal hier?	첫 방문입니까?
- Nein. Schon zum zweiten Mal.	아뇨. 두 번째입니다.

② 여권심사 후 'Gepäckausgabe(수하물 교부장소)'로 이동:
여권심사대를 나와서 타고 온 항공편명을 표시한 전광판이 있는 컨베이어벨트로 가서 수하물을 찾아서 'Ausgang'(출구)로 나간다.

Wo ist die Gepäckausgabe? 수하물 교부장소가 어디죠?

③ 짐을 찾아서 공항을 빠져나오기 전에 새관검사대 통과:
신고할 물건이 없으면 'zollfrei(면세대상)' 출구로 나가고, 신고할 물건이 있으면 'zollpflichtig(과세대상)' 출구로 가서 세관신고를 한다.

Haben Sie etwas zu verzollen? Have you got anything to declare?
Öffnen Sie bitte diesen Koffer. Open the trunk, please.
Muss ich das verzollen? Do I have to pay duty on this?
Das ist ein Geschenk für meine Freunde. 친구에게 줄 선물입니다.
Muss ich dafür Zoll bezahlen? 관세를 내야 합니까?

(4) 도착해서

Mein Gepäck ist verloren gegangen. 내 수하물(짐)이 없어졌어요.
Mein Koffer ist beschädigt worden. 내 트렁크가 손상되어 있습니다.

Wo finde ich die Touristeninformation(die Bank, die Bushaltestelle, die U-Bahnstation, den Taxistand)?
관광안내소(은행, 버스정류장, 지하철역, 택시승강장)이 어디 있습니까?

Können Sie mir bitte einen Stadtplan(die Hotelliste, eine Broschüre, die U-Bahnkarte) geben?
시내지도(호텔목록, 안내책자, 지하철노선도)를 얻고 싶은데요?

Wo kann ich die U-Bahn(den Shuttlebus, den Flughafenbus, die Limousine) in die Stadt nehmen?
시내로 가는 지하철(셔틀버스, 공항버스, 리무진)은 어디서 타지요?

Kann ich hier ein Hotelzimmer buchen? 여기서 호텔을 예약할 수 있나요?
- Was für ein Hotel suchen Sie? 어떤 호텔을 찾으십니까?
- Eins in der Stadt(in der Nähe des Stadtzentrums/Bahnhofs), bitte.
시내에 있는 호텔(번화가/역에 가까운)로 부탁합니다.

Wie komme ich zu diesem Hotel? 이 호텔에 어떻게 가나요?

Ich möchte meine Buchung bestätigen. 비행기 예약을 확인하고 싶습니다.
- einen Flug nach Incheon buchen 인천행 비행기를 예약하다
- meine Buchung stornieren/ändern. 예약을 취소/변경하다.

I: Guten Tag. Bitte schön?
G: Ich möchte ein Hotelzimmer reservieren.
I: Was für ein Hotel möchten Sie?
G: Ein ruhiges in der Stadtmitte wäre gut.
I: Welche Preislage wünschen Sie ungefähr?
G: Etwa 50 Euro wäre wünschenswert.
I: Wie wäre es mit dem Hilton Hotel? Es liegt verkehrsgünstig und ist relativ preisgünstig.
G: Ja, das nehme ich. Reservieren Sie bitte ein Einzelzimmer. Übrigens, wie kann ich da erreichen?
I: Mit der U-Bahn.
G: Wo ist der Taxistand?
I: Durch den Ausgang dort, dann links.
G: Danke.

[관련 핵심용어]

e Fluggesellschaft 항공회사	e Bordkarte 탑승권
stornieren 취소하다	umbuchen 예약을 변경하다
einchecken 채크인하다	r Anschluss 연결편
e Verspätung 연착	r Flugsteig 게이트
r Inlandsflug - r Auslandsflug	국내선 - 국제선
e Ankunft - r Abflug	도착 - 이륙

e Einreise 입국 e Ausreise 출국
e Quarantäne 검역 r Notausgang 비상구
r Zoll 세관(customs) Zollgebühren(pl.). 관세수수료(duties)
e Notrutsche 비상슈트 r Notausgang 비상구
e Landung 착륙 r Gepäckwagen 카트
e Gepäckausgabe = luggage reclaim
e Zwischenlandung = Stopover 중간착륙
e Ankunfszeit 도착시간

(5) 사고발생

Ich habe meinen Pass verloren. 여권을 잃어버렸어요.
Mein Reisekoffer/Geldbeutel/Flugticket wurde gestohlen.
여행가방/돈지갑/항공권을 도난당했어요.

Ich habe meine Handtasche im Zug vergessen. 가방을 기차에 두고 내렸어요.

Ich möchte den Verlust melden. Was soll ich tun?
- Gehen Sie zur Polizei./zur südkoreanischen Botschaft/zum Fundbüro.
분실신고를 하고자 합니다. 어떻게 해야 되죠?
- 경찰서로/한국대사관에/분실물취급소로 가세요.

(6) 교통수단 이용하기

- 길 묻기

Entschuldigung, wie komme ich zum Bahnhof?
= Excuse me, how do you get to the station?
- Immer geradeaus bis zur Kreuzung. Dann bei der Ampel links/rechts abbiegen. = Straight on until you get to the corner. Then turn left/right at the traffic lights.
- Erste Straße links. = The first street on the left.
- Überqueren Sie die Straße. = Cross the street.

- Sie nehmen am besten den Bus Nummer 101. = The best thing would be to take the number 101 bus.

Wie weit ist das? = How far is it?
- Ungefähr zwei Kilometer./Es ist ganz in der Nähe.

Bitte, ist das die Straße zum Bahnhof? = Excuse me, is this the road to the station?
- Nein, Sie sind hier falsch. = No, you are on the wrong road.

- 기차

Eine einfache Fahrt erste Klasse nach Frankfurt, bitte.
편도 1등석 프랑크푸르트 행 주세요.
Zweimal Hamburg hin und zurück, bitte.
함부르크 왕복 2장 주세요.
Gibt es eine Ermäßigung für Studenten?
대학생용 할인권 있습니까?
Bitte eine Platzkarte für den Zug um 13 Uhr nach Hamburg.
13시 함부르크 행 기차 좌석권 하나 주세요.
Habe ich in Heidelberg Anschluss nach Stuttgart?
하이델베르크에서 슈투트가르트 행 연결편이 있습니까?
Wo muss ich umsteigen?
어디서 갈아타야 합니까?

Von welchem Gleis fährt der Zug nach Heidelberg ab?
하이델베르크 행 기차는 몇 번 홈에서 출발합니까?

Verzeihung, ist dieser Platz noch frei?
실례지만, 이 자리 비었습니까?
Entschuldigen Sie, das ist mein Platz. Ich habe eine Platzkarte.
죄송하지만, 이건 내 자리인데요. 좌석권이 있습니다.
Hält der Zug in Bamberg?
이 기차는 밤베르크에서 섭니까?

[관련 핵심용어]

e Wagennummer = coach number 객차번호
s Abteil = compartment 칸막이 객실
s Schließfach 물품보관함, 로커
s Nichtraucherabteil 비흡연실
s Gleis 플랫폼
r Speisewagen 식당칸
r Fahrpreis 기차요금
e Ermäßigung 할인
r Zuschlag 할증요금

- 버스

Bitte, wo ist die nächste Bushaltestelle? 다음 버스정거장은 어디에 있죠?
Welche Linie fährt zur Kantstraße? 어느 노선이 칸트가로 가죠?
Ist dies der richtige Bus zur Kantstraße? 이게 칸트가로 가는 버스가 맞나요?
Wo muss ich umsteigen? 어디서 갈아타야 하죠?
Gebn Sie mir bitte Bescheid, wenn ich aussteigen muss.
= Will you tell me when we're there, please.

[관련 핵심용어]

r Kontrolleur = inspector
e Tageskarte = day ticket
e Wochenkarte = one-week pass
e Zahnradbahn = rack railway 톱니바퀴식 철도
e S-Bahn = Suburban train 교외철도
e Endstation 종착역, 종점
r Schaffner = conductor/ticket collector
e Straßenbahn = tram/streetcar

- 택시

Wo ist der nächste Taxistand? 다음 택시승강장이 어디 있어요?
Zum Bahnhof/Hilton Hotel, bitte! 역/힐튼 호텔로 가세요!
Das ist für Sie. = That's for you.
Behalten Sie das Restgeld. = Keep the change.

T: Guten Tag. Wohin wollen Sie fahren?

G: Fahren Sie bitte zum Hilton Hotel. Wie lange dauert es?

T: Etwa zwei Stunden. [... ...] Wir sind da. Hier ist das Hilton Hotel.

G: Wie viel muss ich zahlen?

T: 17 Euro, bitte.

G: Hier, bitte. Es sind 20 Euro.

T: Hier, 3 Euro zurück. Auf Wiedersehen.

G: Das ist für Sie. Danke.

(7) 병원에서

Ich möchte einen Termin.
진료예약을 하고 싶습니다.

Was fehlt Ihnen denn? 어디가 아프시죠?
- Ich habe Kopfschmerzen. 머리가 아파요.
- Ich habe mir das Fußgelenk vertauscht. 발목이 삐었어요.
- Ich habe mich in den Finger geschnitten. 손가락을 베었어요.
- Ich habe meine Tage. 생리중입니다.
- Sie haben Lebensmittelvergiftung. 식중독입니다.

[관련 핵심용어]

e Magenschleimhautentzündung 위염

e Darmentzündung 장염

e Verbrennung 화상 r Durchfall 설사

e Verstopfung 변비 r Husten 기침

r Diabetiker 당뇨병 환자

(8) 약국에서

Geben Sie mir bitte *Antibiotika.*
- Medikamente gegen Erkältung/Fieber/Schmerzen/Magensäure/

- ein Verdauungsmittel/Schlafmittel/
    항생제 - 감기약/해열제/진통제/제산제 - 소화제/수면제 주세요.

Haben Sie ein Rezept? - Ja/Nein. 처방전이 있습니까? - 예/아뇨.
Wie nehme ich diese Medikamente? 이 약은 어떻게 복용합니까?
- Nehmen Sie es dreimal am Tag nach/vor der Mahlzeit(alle vier Stunden).
    하루에 3번 식후/식전/4시간마다 드세요.

[관련 핵심용어]

s Antibiotikum 항생제
e Antibabypille 피임약
s Kondom 콘돔
r Hustensaft 기침시럽
r Tropfen 물약
r Traubenzucker 포도당
e Bandage 붕대
e Elastikbinde 고무붕대
s Ohrenstäbchen 면봉
S Abführmittel 하제
e Salbe 연고
e Tablette 알약
s Rezept 처방전
s Zäpfchen 좌약
s Aspirin 아스피린
r Kamillentee 카밀레차
e Watte 솜, 탈지면
s Desinfektionsmittel 소독제
r Augentropfen 안약
s Insektenmittel 살충제
e Mullbinde 무명붕대
s Pflaster 반창고
e Damenbinde 생리대
s Medikament 약
e Brandsalbe 화상연고
r Puder 파우더
s Beruhigungsmittel 진정제
s Fieberthermometer 체온계

(9) 환전하기

Ich möchte einhundert Euro in Schweizer Franken wechseln.
    백 유로를 스위스 프랑으로 환전하고 싶습니다.
Wie steht der Wechselkurs? 환율이 어떻게 되죠?
Wie viel ist die Provision? 환전수수료는 얼마죠?

Wie möchten Sie die Scheine haben? 돈(지폐)을 어떻게 바꿔 드릴까요?

- Dreimal 20 Euro und viermal 10 Euro, bitte.
  20유로짜리 3장, 10유로짜리 4장으로 주세요.
- Ich möchte in bar haben. 현금으로 바꿔주세요.

Wo ist der Geldautomat? 현금인출기는 어디 있죠?
Schieben sie Ihre Karte ein. → Geben Sie Ihre Geheimnummer(PIN-Nummer) ein. → Wie viel möchten Sie abheben?
카드를 넣으십시오. → 비밀번호를 누르십시오. → 얼마를 찾으시죠?

[관련 핵심용어]

s Konto 계좌
r Geldautomat 현금인출기
s Bargeld 현금
e Münze 동전
e Währung 화폐
auszahlen 인출하다
e Geheimzahl 비밀번호
e Bearbeitungsgebühr 수수료
r Betrag 금액
r Geldschein 지폐
s Kleingeld 잔돈
e Kreditkarte 신용카드
r Wechselkurs 환율
e Zahlung 지급
e Überweisung 송금, 이체

(10) 사진찍기

Könnten Sie ein Foto von uns machen? Could you take a photo of us?
Sie müssen nur auf diesen Kopf drücken. 이 버튼만 누르면 됩니다.

r Schnappschuss = snapshot 스냅사진

(11) 우체국에서

Wo ist das nächste Postamt? 가까운 우체국이 어디 있죠?
Was kostet ein Brief nach Korea? 한국으로 보낼 편지가 얼마예요?
Drei Briefmarken zu 1,10 Euro, bitte! 1마르크 10센트 짜라 우표 3장 주세요.
Haben Sie Sondermarken? 기념우표 있습니까?

[관련 핵심용어]

e Luftpost 항공우편 | e Gebühr 수수료

e Leerung = collection 편지수거

r Eilbrief 빠른우편 | r Briefkasten 우체통

s Paket 소포 | e Postleitzahl 우편번호

s Porto 우편료 | r Einschreibebrief 등기우편

제2부

호텔 길라잡이

<차 례>

제 1 장

****

An der Rezeption

1. Redemittel

[1] 인사하고 추천하기

인사하기	
Guten Morgen/Tag/Abend!	Grüß Gott!
추천하기	
Bitte schön?(= Sie wünschen?) Womit kann ich dienen? Kann ich Ihnen behilflich sein?	Der Herr, bitte? Die Dame, bitte? Die Herrschaften, bitte?

※ 아침, 낮, 저녁에 인사하기: 안녕하세요!

※ 호텔직원이 손님을 서빙할 때: 무엇을 도와드릴까요?

[2] 호텔의 관례적인 표현

(Seien Sie) Herzlich willkommen!

Wir wünschen Ihnen einen angenehmen Aufenthalt!

어서 오십시오!

편안한 체류가 되기를 바랍니다!

[3] 인적사항 관련 표현

Wie ist Ihr Name, bitte? Wie ist Ihr Vorname? Wo wohnen Sie? Welche Staatsangehörigkeit haben Sie? Was sind Sie von Beruf?	성함이 어떻게 되죠? 이름이 어떻게 되죠? 어디서 살고 계십니까? 국적은 어디지요? 직업은 무엇입니까?
Wann sind Sie geboren? Wo sind Sie geboren?	생일은 언제입니까? 출생지는 어디입니까?

[4] 신분증 제시

Ihren Ausweis, bitte?(= Kann ich bitte Ihren Ausweis haben?)
신분증 좀 보여주시겠습니까?

[5] 여행가방 서비스

Haben Sie Gepäck? - Brauchen Sie einen Gepäckträger?
Bringen Sie bitte den Koffer in mein Zimmer.
Soll ich das Gepäck aufs Zimmer(die Koffer nach oben) bringen lassen?
짐이 있습니까? - 카트가 필요하십니까?
짐을 방까지 옮겨주세요.
이 짐을 방으로(트렁크를 위로) 갖다 드릴까요?

[6] 의사소통 장벽

Bitte?(= Wie bitte?) 뭐라고 하셨지요?

Entschuldigung? Ich habe Sie leider nicht verstanden./Wie war das, bitte?
죄송합니다만, 당신 말을 잘 못알아 들었어요./뭐라고 하셨지요?
Könnten Sie das bitte *nochmal sagen*/wiederholen?
다시 한 번 말씀해주시겠습니까?
Könnten Sie das bitte buchstabieren?(= Bitte schreiben Sie das auf!)
철자로 써 주시겠습니까?(좀 써 주십시오!)
Wie schreibt man das?(= Wie wird das geschrieben?)
어떻게 쓰죠?

[7] 환전 관련 표현

In welche Währung wollen Sie Ihr Geld wechseln?
어떤 화폐로 환전하고 싶습니까?
Der Kurs ist heute 1.50 Dollar für einen Euro.
오늘 환율은 1유로에 1달러 50센트 입니다.
Nach dem heutigen Kurs bekommen Sie für 100,- Euro ...
오늘 환율에 따르면 100 유로가 됩니다.

2. Dialoge

[2-1] 대화를 듣고 알맞은 것을 고르시오.

A: Guten Tag! Sie wünschen, bitte?

B: Ich möchte ein Einzelzimmer mit Bad.

A: Ja, gerne. Wie lange bleiben Sie?

B: Nur diese Nacht.

A: In Ordnung. Zimmer Nummer 127. Wollen Sie sich gleich eintragen?

B: Ja, wo?

A: In dieses Formular, bitte.

(1) Der Gast möchte ...

① ein Einzelzimmer

② ein Doppelzimmer

③ zwei Einzelzimmer

ⓐ mit Bad

ⓑ mit Dusche

ⓒ ohne Bad

㉠ für drei Nächte.

㉡ für eine Nacht.

㉢ für zwei Tage.

(2) Er bekommt Zimmer Nummer ...

① 127. ② 172. ③ 227.

<어휘> s Bad 욕실, e Dusche 샤워실, s Zimmer 방, s Einzelzimmer 일인실, s Doppelzimmer 2인실, sich eintragen 기입히다, 등록하다, s Formular 서식(용지)

<표현>

Ich möchte ein Zimmer reservieren(buchen)./Haben Sie ein Zimmer frei?
방을 예약하려 합니다./빈방 있습니까?

Wie viele Personen sind Sie? - Zwei. 몇 분이죠? / 2명입니다.

Was für ein Zimmer möchten Sie? - Ein Doppelzimmer mit Bad, bitte.
어떤 방을 원하십니까? - 욕실이 딸린 2인실로 주십시오.

Was kostet eine Nacht? - 50 Euro mit Mehrwertsteuer. - Ich nehme es.
하루에 얼마죠? - 세금포함 50유로입니다. - 이 방으로 하겠습니다.

Ich möchte einchecken, bitte. - Haben Sie schon eine Buchung? - Ja. Ich habe eine Buchung auf den Namen Lee./Nein, ich habe keine Buchung.. 체크인을 하려 합니다. - 예약하셨습니까? - 예. '이'라는 이름으로 예약했습니다./아뇨. 예약하지 않았습니다.

[2-2] 다음의 대화를 그룹으로 연습하세요.

R: Guten Tag. Haben Sie reserviert?
G: Ja, ich habe vor kurzem am Frankfurter Flughafen reserviert.
R: Wie ist Ihr Name, bitte?
G: Monika Lang.
R: Ja, die Reservierung liegt vor. Was für ein Zimmer möchten Sie?
G: Ich hätte gerne ein Einzelzimmer mit gutem Ausblick.
R: Wie lange möchten Sie bleiben?
G: Etwa eine Woche. Was kostet eine Übernachtung?
R: 50 Euro.
G: Hier ist Ihr Schlüssel. Zimmer Nr. 501.

<어휘> reservieren 예약하다, r Schlüssel 열쇠, e Übernachtung 숙박, Nr. = e Nummer 번호, 호실

3. Praxis

[3-1] *Was findet man in einem Hotelzimmer?*

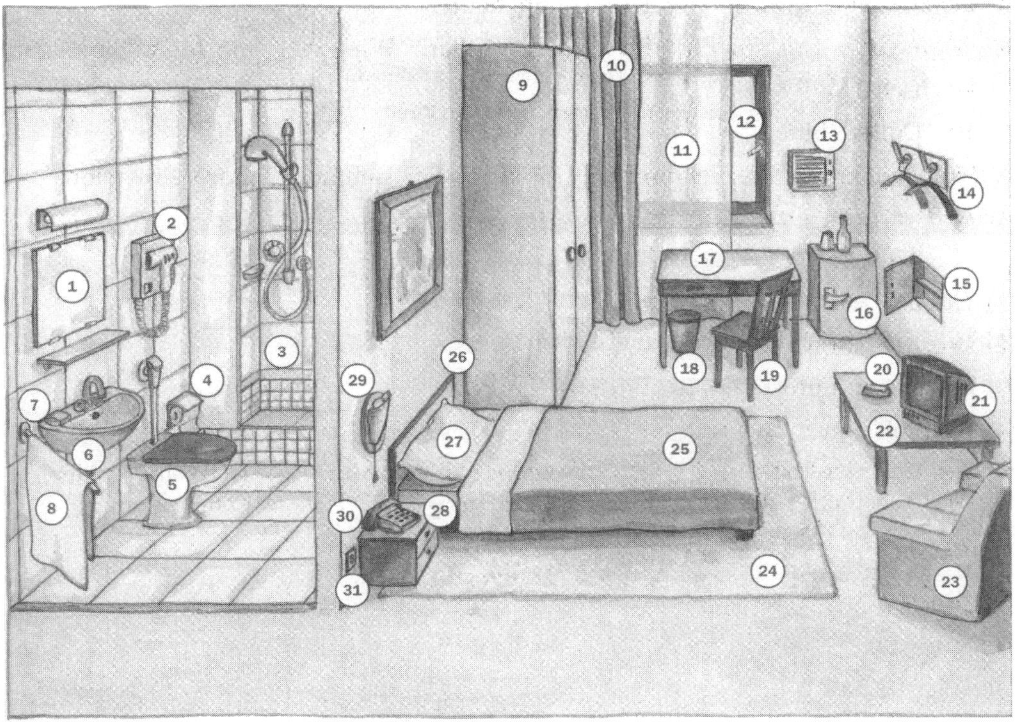

das Bad

A) das Handtuch (¨er)
B) die Dusche (-n)
C) das WC
D) das Waschbecken
E) die Seife (-n)
F) das Toilettenpapier
G) der Spiegel
H) der Föhn (-e)

das Zimmer

a) der Couchtisch (-e)
b) der Nachttisch (-e)
c) der Schreibtisch (-e)
d) das Bett (Einzel-, Doppel-) (-en)
e) der Teppich (-e)
f) die Lampe (-n)
g) die Minibar (-s)
h) der Fernseher
i) das Telefon (-e)
j) das Fenster
k) die Gardine (-n)
l) der Vorhang (¨e)
m) das Kissen
n) die Decke (-n)
o) die Steckdose (-n)
p) die Klimaanlage (-n)
q) der Kleiderschrank (¨e)
r) der Kleiderbügel
s) der Sessel
t) der Stuhl (¨e)
u) der Papierkorb (¨e)
v) der Safe (-s)
w) der Aschenbecher

<어휘> s Handtuch 수건, s Waschbecken 세면대, e Seife 비누, s Toilettenpapier 화장지, r Föhn 열풍기, r Couchtisch 긴 소파용 탁자, e Gardine (망사)커튼, r Vorhang 커튼, s Kissen 베개, e Steckdose 콘센트, r Papierkorb 쓰레기통, r Aschenbecher 재떨이

[3-2] 대화를 읽고 괄호 안에 알맞은 숫자는 넣으시오.

A: Guten Tag. Ich möchte Geld wechseln. Kann ich das hier machen?

B: Welche Währung möchten Sie denn wechseln?

A: Dollar, bitte. Wie ist der Kurs denn heute?

B: Moment... 1 Euro 10 für einen Dollar. Wie viel möchten Sie denn wechseln?

A: 100 Dollar, bitte.

B: Moment, bitte... Sie bekommen 108 Euro, wir nehmen 2 Euro Provision.

A: Ach so, gut. Danke.

(1) Dollar: ( )

(2) Wechselbetrag: ( )

(3) erhaltener Euro: ( )

(4) Kommission: ( )

<어휘> Geld wechseln 환전하다, e Währung 화폐, r Kurs 환율(= Währungskurs), r Wechselbetrag 환전금액, e Provision (중개) 수수료, 커미션(= e Kommission)

4. Grammatik

1. Verbkonjugation: Präsens 1./2./3. Person Singular

	인칭 대명사	어간 -어미					
		spielen	**kommen**	**wohnen**	**heißen**	**sein**	**sprechen**
1.인칭	ich	spiel -e	komm -e	wohn -e	heiß -e	bin	sprech -e
2.인칭	du	spiel -st	komm -st	wohn -st	heiß -t	bist	sprich -st
3.인칭	er	spiel -t	komm -t	wohn -t	heiß -t	ist	sprich -t

- 독일어 동사(das Verb)는 어간(Stamm)과 어미(Endung: **-en, -n**)로 구성되어 있다. 바로 이 어미부분이 인칭과 수에 따라 활용변화(Konjugation)를 하는 부분이다.

2. Satz: Wortfrage und Aussagesatz

(a)	**Wortfrage**			**Aussagesatz**	
Woher	kommt	Eika?	- Erika	kommt	aus München.
Wo	wohnst	du?	- Ich	wohne	in Stuttgart.
Wie	heißt	du?	- Ich	heiße	Klaus.
Was	sagt	sie?	- Sie	sagt	"Guten Tag!"
	Verb			**Verb**	

- 의문사 질문(Wortfrage)의 어순(Wortstellung):
  의문사 + 동사 + 주어 + 나머지 문장성분
  Welche Währung möchten Sie denn wechseln?
- 평서문(Aussagesatz)의 일반적인 어순:
  주어 + 동사 + 나머지 문장성분
  Ich möchte Geld wechseln.
- 그러나 독일어의 문장 어순은 영어와는 달리 비교적 자유롭다.
- 독일어 어순의 일반 원칙
  - 정동사(주어의 인칭과 수에 따라 활용변화를 한 동사: finities Verb)는 문장의 두 번째 자리에 위치한다.
  - 정동사에 가까운 성분일수록 문장의 끝으로 간다.
  - 정동사를 제외하면 우리말 어순과 동일하다(독일어에서는 정동사가 문장 첫머리에 오면 의문문(Fragesatz)이 됨).

5. Kulturreise

겐다르멘 마르크트(Gendarmenmarkt): 독일 건축의 백미

겐다르멘 마르크트는 베를린에서 가장 아름다운 광장으로 꼽힌다. 독일식 대성당과 프랑스식 대성당의 둥근 탑은 둘 다 18세기 초에 건축된 것으로, 기념비적이고 우아한 자태를 뽐내는 프로이센 건출예술의 걸작으로 꼽힌다. 오른쪽은 독일의 의 고전주의(Klassizismus)의 가장 중요한 건축가인 칼 프리드리히 쉰켈(Karl Friedrich Schinkel)이 1821년에 건축한 콘서트홀 전경이다.

http://de.wikipedia.org/wiki/Gendarmenmarkt

http://konzerthaus.de

제1장

번역 및 해답 **

[번역 2-1]

A: 안녕하세요! 뭘 도와드릴까요?
B: 욕실이 딸린 1인실(독방)을 원합니다.
A: 예. 그렇게 해드리지요. 얼마나 머무시죠?
B: 오늘밤만.
A: 알겠습니다. 127호실입니다. 지금 당장 기록하시겠습니까?
B: 예. 어디에 하면 되죠?
A: 이 서식용지에 해주십시오.

[번역 2-2]

R: 어서 오십시오, 예약하셨습니까?
G: 예, 조금 전에 프랑크푸르트 공항에서 예약했어요.
R: 성함이 어떻게 되시죠?
G: Monika Lang 입니다.
R: 네, 예약이 되어 있군요. 어떤 방을 드릴까요?
G: 전망 좋은 1인실로 주세요.
R: 얼마나 계실 건가요?
G: 일주일 정도 있을 거예요. 하루에 얼마죠?
R: 오십 유로입니다.
G: 열쇠 여기 있습니다. 501 호실입니다.

<해답 2-1> (1) ① ⓐ ㉡ (2) ①
<해답 2-2> richtig: ② ④ ⑤, falsch: ① ③ ⑥

<번역 3-2> A: 안녕하세요. 환전을 하고 싶은데요. 여기서 할 수 있어요?
B: 어떤 화폐를 환전하고 싶으세요?
A: 달러입니다. 오늘 환율이 어떻습니까?
B: 잠깐만요... 1달러에 1유로 10센트입니다. 얼마나 환전하시겠습니까?
A: 100달러.
B: 잠깐만요. 108유로를 받으시고, 2유로는 수수료입니다.
A: 아 예. 감사합니다.

<해답 3-1> 2H, 3B, 4F, 5C, 6D, 7E, 8A, 9q, 10l, 11k, 12j, 13p, 14r, 15v, 16g, 17c, 18u, 19t, 20w, 21h, 22a, 23s, 24e, 25n, 26d, 27m, 28b, 29f, 30i, 31o
<해답 3-2> (1) 1 euro 10 (2) 100 Dollar (3) 108 Euro (4) 2 Euro

제2장

****

Im Restaurant bestellen

1. Redemittel

[1] 예약

Braucht man eine Reservierung? - Nein./Ja.
Wie viele Personen sind Sie? - Ich möchte für 2 Personen einen Tisch reservieren./Ich möchte einen Tisch für Nichtraucher(am Fenster, im Freien).

예약이 필요한가요? - 아뇨./예.
몇 분이지요? - 2인용 테이블을 예약하고 싶어요./금연석(창가석, 야외석)으로 하고 싶어요.

Haben Sie schon einen Tisch reserviert?
- Ja, auf den Namen Kim für zwei Personen.
- Kommen Sie bitte hierher.

테이블을 예약하셨나요?
- 예. 김이라는 이름으로 2자리 했어요.
- 이쪽으로 오십시오.

Kann man hier jetzt essen?
- Ja, es gibt freie Plätze./Nein, leider haben wir keine Plätze mehr frei.

지금 여기서 식사를 할 수 있습니까?
- 예. 빈자리가 있어요./아뇨. 빈자리가 없어요.

[2] 주문

Kann ich die Speisekarte haben, bitte. - Ja, hier bitte.

메뉴판 좀 주시겠어요? - 예. 여기 있습니다.

Haben Sie ein Tagesmenü?/Was können Sie empfehlen?
Gibt es heute ein Spezialgericht?/Woraus besteht das Gericht?
오늘의 추천요리(세트메뉴)가 있어요?/무엇을 추천해주시겠어요?
오늘의 특별요리가 있습니까?/어떤 요리인지 설명해주시겠어요?

Ich möchte ein Rindersteak.
- Wie möchten Sie das Steak?
- Medium/Durch/Blutig, bitte.
쇠고기 스테이크 주세요.
- 스테이크를 어떻게 구워드릴까요?
- 중간정도/익혀서/익히지 말고 주세요.

Sie wüschen?/Was nehmen Sie?/Möchten Sie jetzt bestellen?
- Kaffee, bitte!
- Für mich ein großes Bier! Und der Apfelsaft für die Dame.
- Geben Sie mir bitte dasselbe.
주문하시겠어요?
- 커피 주세요!
- 나는 큰 맥주 한 잔! 그리고 저 부인은 사과 주스.
- 같은 걸로 주세요.
Was für Biersorten haben Sie?
- Ich möchte etwas Leichtes.
어떤 맥주가 있나요?
- 가벼운 술이 좋겠어요.

Was darf es sein?/Und für Sie?/Haben Sie schon gewählt?
무얼 드릴까요?/그리고 당신은요?/주문하시겠습니까?
Zum Trinken?/Womit wollen Sie anfangen?
음료수로는 뭘 드릴까요?/어떤 음식부터 시작하시겠습니까?
Was möchten Sie als Nachtisch haben?
- ein Vanilleeis, bitte.
디저트는 무엇으로 하시겠습니까?
- 바닐라 아이스크림이요.

[3] 주문에 반응

Ja, danke!/In Ordnung!(= Ist gut!) 예, 감사합니다./예, 알겠습니다.

Tut mir Leid, wir haben kein Vanilleeis mehr.

죄송합니다. 우리는 바닐라아이스크림이 없습니다.

[4] 요금

Hat es (Ihnen) geschmeckt?/Wie hat es (Ihnen) geschmeckt?

맛이 있었습니까?/맛이 어땠어요?

Haben Sie noch einen Wunsch?/Sie möchten zahlen?

Zusammen oder getrennt(einzeln)?

더 원하시는 게 있어요?/계산하시겠어요?

함께 아니면 각자 계산하십니까?

Kann ich mit Keditkarte zahlen?

- Nur Visa oder Master.
- Ich zahle in bar.
- Ich glaube, die Rechnung ist nicht korrekt.
- Ich habe zu wenig zurückbekommen.
- Ich brauche eine Rechnung.

신용카드로 계산해도 되나요?

- 비자나 마스터만 되요.
- 현금으로 낼 게요.
- 계산이 틀린 것 같아요.
- 거스름돈이 틀린 것 같아요.
- 영수증을 주시겠어요?

2. Dialoge

[2-1] *Bitte hören Sie zu und ergänzen Sie.*

• Guten Tag! Die Herrschaften wünschen?

◦ Kaffee, bitte!

• Tasse oder Kännchen?

◦ Kännchen, bitte!

• Und für Sie?

◦ Für mich ein großes Bier!

• Ja, gerne, und für Sie?

◦ Ich möchte einen Apfelsaft, bitte!

• In Ordnung, danke schön!

<어휘> Die Herrschaften wünschen? (단체에게) 무엇을 드시겠습니까?, e Tasse 찻잔, s Kännchen 작은 (포트)병, r Apfelsaft 사과주스, in Ordnung = OK, 알겠습니다

[2-2] *Bitte hören Sie zu!*

• Der Kaffee?

◦ Für mich, bitte! Und der Apfelsaft für die Dame.

• So! Bitte schön!

◦ Danke!

• Bitte sehr!

◦ Vielen Dank!

<어휘> r Kaffee 커피, r Apfelsaft 사과쥬스, e Dame 부인, 아주머니

[2-3] *Bitte hören Sie zu!*

◦ Fräulein, bitte zahlen!

• Ja, sofort! - Zusammen oder getrennt!

◦ Zusammen, bitte!

• Also: einmal ein Kännchen Kaffee 4 Euro, einmal ein großes Bier 3 Euro 30, einmal Apfelsaft 2 Euro 50, 9 Euro 80, bitte!

◦ Stimmt so!

• Danke schön!

<어휘> Ja, sofort! (여기서는) 예, 즉시 계산해드리겠습니다, r Apfelsaft 사과주스, zusammen (여기서는 요금을 함께 계산한다는 뜻)(↔ getrennt), (das) stimmt 맞다

3. Praxis

[3-1] *Ergänzen Sie die fehlenden Verben.*

A: Herr Ober, wir (㉠) bestellen. (möchten)

B: Was (㉡) du? (nehmen)

A: Ich (㉢) die Zwiebelsuppe. (nehmen)

B: Meine Frau (㉣) nicht gerne Fleisch. (essen)

A: Ein Rindersteak mit Pommes, (㉤) das? (gehen)

A: Ich (㉥) ein Bier. Das (㉦) gut. (trinken / schmecken)

B: Der Junge (㉧) einen Tomatensaft. Limo (㉨) er nicht. (möchten / mögen)

A: Wer (㉩) das Eis? (bekommen)

B: (㉪) ihr Gemüse? (㉫) noch etwas! (mögen / nehmen)

A: (㉬) das Schweinefleisch? (sein)

B: (㉭) du gern Reis? (essen)

A: Ja, aber ich (㉮) lieber Kartoffeln. (essen)

B: Was (㉯) es zum Mittagessen? (geben)

A: Danke, ich (㉰) satt. (sein)

B: Das Essen (㉱) 25 Mark. (kosten)

A: Wir (㉲) und (㉳). (bezahlen/gehen)

<어휘> Was nimmst du? 넌 뭐 먹을래? e Zwiebelsuppe 양파수프, s Rindersteak 쇠고기 스테이크, Pommes frites[pɔm frít] Pl. 감자튀김, 프렌치 프라이, r Tomatensaft 토마토 쥬스, schmecken ...한 맛이 나다(Es schmeckt mir 그것은 내 입맛에 맞다), e Limonade 레몬수, 레몬주스, s Gemüse 야채, 채소, lieber 'gern'(좋아하는)의 비교급, satt 배부른, 물린, s Essen 음식, 식사

[3-2] *Lesen Sie den Dialog und notieren Sie die Bestellung.*

- Guten Tag! Sie wünschen?
- ◦ Einen Kaffee, bitte!
- Tasse oder Kännchen?
- ◦ Um, ... eine Tasse, bitte!

- Und für Sie?
- ◦ Für mich ... ein großes Bier!
- Ja, gerne. Und für Sie?
- ◦ Ich hätte gern einen Apfelsaft, bitte!
- In Ordnung, danke schön!

(1) Wie viele Personen sprechen?

(2) Wo befinden sie sich?

(3) Um welche Situation handelt es sich hier?

(4) Was haben die Gäste bestellt?

<어휘> e Tasse 찻잔, s Kännchen 작은 (포트)병, r Apfelsaft 사과주스, s Bier 맥주, in Ordnung = OK, 알겠습니다

4. Grammatik

1. 관사(der Artikel)

Genus / Kasus	Singular			Plural
	Maskulinum	Neutrum	Femininum	
Nom 1격	- er*	- es*	- e	- e
Gen 2격	- es	- es	- er	- er
Dat 3격	- em	- em	- er	- en
Akk 4격	- en	- es*	- e	- e

- 독일어의 격 표시는 관사의 어미로 나타낸다.
- 독일어 명사의 성(Genus)은 정관사로 나타낸다.
- 명사의 성과 수에 따라 격 표시가 다르게 나타난다.

  Ich bin **eine** Lehrerin von Tobias. (여성 단수 1격(주격))

  Mein Bruder Thomas ist wieder in Palermo. (남성 단수 1격)

  Meine Eltern ist nicht zu Hause. (복수 1격)

2. Possessivartikel: 1./2./3. Person Singular/Plural

	Singular			Plural
	Maskulinum	Neutrum	Femininum	
부정관사1	ein Freund	ein Foto	eine Freundin	- Geschwister
소유대명사/ 소유관사	mein Freund dein Freund sein Freund ihr Freund sein Freund	mein Foto dein Foto sein Foto ihr Foto sein Foto	meine Freundin deine Freundin seine Freundin ihre Freundin seine Freundin	meine Geschwister deine Geschwister ihre Geschwister

- 소유대명사(소유관사)는 부정관사의 어미변화를 따른다(남성 1격, 중성 1격과 4격은 어미변화 하지 않음)
- 독일어의 소유대명사는 관사류의 일종이다(**mein**: 나의, **dein**: 너의, sein: 그의).
- 인칭대명사 2격은 소유의 의미가 없이 2격 지배 전치사, 2격 지배 동사, 2격 지배 형용사 등을 위해 사용된다(인칭대명사 편에서 자세히 설명함).

· Wer ist das? → Das ist mein Freund. / ein Freund von mir.

→ Das ist meine Geschwister.

3. Wie finden Sie das?

<table>
<tr><th colspan="4">Frage</th><th>Antwort</th></tr>
<tr><td rowspan="10">Wie</td><td rowspan="10">finden Sie
findest du
findet ihr</td><td rowspan="10">mein___
dein___
sein___
ihr___
unser___
euer(eure)
Ihr___</td><td>Frau</td><td>Ausgezeichnet!</td></tr>
<tr><td>Mann</td><td>Preiswert!</td></tr>
<tr><td>Kinder</td><td>Schön groß und hell</td></tr>
<tr><td>Reisepläne</td><td>(Sehr) gut!</td></tr>
<tr><td>Arbeit ?</td><td>Freundlich.</td></tr>
<tr><td>Essen</td><td>Hübsch.</td></tr>
<tr><td>Jacke</td><td>Nicht so gut.</td></tr>
<tr><td>Auto</td><td>Schlecht.</td></tr>
<tr><td>Tasche</td><td>Zu teuer!</td></tr>
<tr><td>Wohnung</td><td>Unfreundlich.</td></tr>
</table>

5. Kulturreise

카니발(Karneval): 광란의 나날, 긴 밤 지세우고

이날 독일은 카니발 왕자 세상이다. 마인츠 시에서는 파세나흐트(Fassenacht)라 하고, 쾰른 시에서는 카니발(Karneval)이라 한다. 독일 사람들에게 사육제 기간보다 더 신명나는 때는 없다. 카니발 퍼레이드(Karnevalumzug), 가장 무도회(Maskenball), 신랄한 풍자, 소동 등 모든 신명놀이가 가능하다. 재의 수요일(사순절 첫날: Aschermittwoch)이면 이런 모든 소동이 깨끗이 사라진다. 11월 11일 새 "시즌"이 시작될 때까지.

http://karneval.com

제2장

번역 및 해답 **

<번역 **2-1**> • 안녕하세요! (단체손님을 향해) 무엇을 드시겠습니까?
◦ 커피!
• 잔으로 드릴까요 아니면 포트병으로 드릴까요?
◦ 포트병으로 주세요!
• 손님은?
◦ 난 큰 맥주 한 잔!
• 예. 알겠습니다. 그리고 손님은?
◦ 전 사과 주스를 주세요.
• 알겠습니다. 감사합니다.

<번역 **2-2**> • 커피 어느 분이 시켰습니까?
◦ 나예요! 그리고 사과주스는 저 부인이고.
• 예! 여기 있습니다!
◦ 감사합니다!
• 여기 있습니다!
◦ 감사합니다!

<번역 **2-3**> ◦ 아가씨. 계산하겠습니다.
• 예. 곧 가겠습니다. - 함께 계산하겠습니까 아니면 따로 하시겠습니다.
◦ 함께 하겠습니다!
• 그러니까 커피 포트병 하나에 4유로, 큰 맥주 한 잔에 3유로 50, 사과주스 한 잔에 2유로 50, 합계 9유로 80입니다.
◦ 맞죠!
• 감사합니다!

<번역 **3-1**> A: 웨이터. 주문하겠습니다.
B: 넌 뭐 먹을래?
A: 양파 수프 할래
B: 내 아내는 고기를 즐겨 먹지 않아.
A: 감자튀김이 있는 쇠고기스테이크 하나. 됩니까?

A: 난 맥주를 마시겠다. 맛이 좋아.
B: 저 소년은 토마토 주스를 마시고 싶어해. 쟤는 레몬수를 좋아하지 않아.
A: 아이스크림은 누가 시켰지?

B: 너희들 야채 좋아해? 좀 더 먹어!
A: 이거 돼지고기예요?
B; 넌 밥을 좋아하지?
A: 예. 그런데 전 감자를 더 잘 먹어요.

B: 점심으로는 뭐가 있습니까?
A: 됐습니다. 저는 배가 부릅니다.

B: 음식값이 25마르크입니다.
A: 식사 값을 내고 가겠습니다.

<번역 3-2> • 안녕하세요? 드시겠습니까?
◦ 커피 한 잔 주세요!
• 잔으로 아니면 포트병으로 드릴까요?
◦ 음... 잔으로 한 잔 주세요!
• 그리고 손님께서는?
◦ 나는... 큰 맥주 한 잔!
• 예. 알겠습니다. 그리고 손님께서는?
◦ 나는 사과주스 한잔 주세요!
• 좋습니다. 감사합니다!

<해답 3-1> ㉠ möchten ㉡ nimmst ㉢ nehme ㉣ isst ㉤ geht ㉥ trinke ㉦ schmeckt ㉧ möchte ㉨ mag ㉩ bekommt ㉪ mögt ㉫ nehmt ㉬ ist ㉭ isst ㉮ esse ㉯ gibt ㉰ bin ㉱ kostet ㉲ bezahlen ㉳ gehen

<해답 3-2> (1) 4 (2) In einem Café (3) Die Gäste bestellen und die Bedienung nimmt die Bestellung entgegen. (4) Tasse Kaffee, großes Bier, Apfelsaft

제3장

****

Im Restaurant servieren

1. Redemittel

[1] 식당찾기

Gibt es hier ein gutes/preiswertes Restaurant?

여기에 좋은/값싸고 좋은 식당이 있나요?

Wo kann man hier in der Nähe gut essen?

이 근처에 먹기 좋은 곳이 있나요?

Gibt es hier einen Schnellimbiss?

여기에 패스트푸드점이 있나요?

[2] 주문 · 봉사하기

Die Speisekarte, bitte.

식단표 좀 주세요.

Haben Sie schon gewählt?

주문하시겠어요?

Als Vorspeise/Hauptbericht nehme ich Austern/Rumpsteak..

전채/본채로 굴/홍두깨살 스테이크를 먹겠습니다.

Bitte!/So, bitte!/Bitte sehr!/Bitte schön! Guten Appetit!

(음식을 갖다 주며:) 여기 있습니다! 맛있게 드십시오!

Wie möchten Sie Ihr Steak haben? = How would you like your steak?

- gut durch. = well-done.
- halb durch. = medium.
- englisch. = rare.

Für Sie?/Wer bekommt die Erbsensuppe? (= Wer bekam bitte die Erbsensuppe?)

(음식을 갖다 주며:) 누가 완두콩스프를 시켰죠?

[3] 감사하고 반응하기

Danke schön/sehr/vielmals! = Vielen/Schönen/Besten Dank!
Das ist/war nett von Ihnen!/Ich bedanke mich!
- Bitte schön/sehr!
- Das ist doch selbstverständlich!/Gern geschehen!

(대단히) 감사합니다!
- 천만에요!

[4] 요리와 음료 추천하기

Was können Sie mir empfehlen?
- Ich würde Ihnen Lachs. empfehlen.
- Probieren/Nehmen Sie doch Lachs.
- Wie wär's mit Lachs?

추천할 게 있습니까?
- 연어를 권하고 싶습니다.
- 연어를 한 번 들어보시죠.
- 연어는 어때요?

Das ist sehr gut./Das schmeckt ausgezeichnet.

아주 좋군요./맛이 아주 좋습니다.

[5] 불평 · 반응하기

Wir brauchen noch eine Gabel.
- Sie bekommen sofort Ihre Gabel./Ich bringe Ihnen sofort Ihre Gabel.

- 포크가 하나 더 필요합니다.
- 즉시 갖다 드리겠습니다.

Das habe ich nicht bestellt.
- Entschuldigung. Das war ein Versehen./Das war eine Verwechslung.

- 그거 주문하지 않았는데요.
- 죄송합니다. 착오가 있었습니다.

Kann ich die Bestellung ändern?
- Nein. Es ist zu spät./Ja.

주문을 바꿔도 되나요?
- 안됩니다. 벌써 주문 들어갔어요./예.

Meine Bestellung ist noch nicht da.
- Leider geht das nicht schneller.

주문한 게 아직 안 나왔어요.
- 죄송하지만 빨리 안 됩니다.

Können Sie es etwas mehr garen/aufwärmen, bitte.

좀 더 익혀/데워 주세요.

Das Bier ist lauwarm. Ich möchte ein kaltes Bier, bitte.
- Wir werden es sofort umtauschen./Wir nehmen es selbstverständlich zurück.

맥주가 미지근하네요. 찬 것으로 바꿔 주실래요?
- 당장 바꿔드리겠습니다./그걸 취소하겠습니다.

[상식]

- Restaurant : 레스토랑
- Café : 카페
- Gasthaus : 레스토랑이 딸린 작은 호텔
- Gasthof : 시골지역에 소재한 Gasthaus
- Biergarten : outdoor pub/tavern 옥외 주점(바)
- Gartenwirtschaft : 공원의 레스토랑(outdoor restaurant)
- Ratskeller : 시청 지하 레스토랑
- Bistro : 작은 술집/레스토랑(보통 바가 있음)
- Kneipe : pub 주점
- Imbissbude : 패스트푸드점
- Konditorei : 카페가 딸린 빵집
- Beißerl : 오스트리아의 encounter restaurant

2. Dialoge

[2-1] *Bitte hören Sie zu.*

• Zimmer-Service!

◦ Guten Morgen. Ich möchte das Frühstück bestellen.

• Ja, bitte schön!

◦ Zwei Rühreier mit Schinken, Kaffee und Orangensaft.

• Ja, danke. Um wie viel Uhr wollen Sie frühstücken?

◦ Um Viertel nach acht, bitte!

• In Ordnung.

◦ Vielen Dank. Auf Wiedersehen!

• Auf Wiedersehen!

<어휘> Zimmer-Service! 룸서비스입니다, bestellen 주문하다, s Rührei 스크렘블에그(휘저어 붙인 계란), r Schinken 햄, r Orangensaft 오렌지 주스, um Viertel nach acht 정각 8시 15분에, frühstücken 아침을 먹다

[2-2] *Bitte hören Sie zu.*

• Darf ich?

◦ Ja, bitte. Herein!

• Guten Morgen, haben Sie gut geschlafen?

◦ Ja, danke!

• Ihr Frühstück, bitte!

◦ Danke!

• Wünschen Sie sonst noch etwas?

◦ Nein, danke.

<어휘> Herein! 들어오세요!, haben Sie gut geschlafen? 잘 주무셨습니까?, Wünschen Sie sonst noch etwas? 그밖에 더 원하시는 게 있습니까? sonst 그 외에, 그밖에

[2-3] *Hören Sie kleine Dialoge. Um was für Situationen handelt es sich hier?*

Dialog 1

A: Herr Ober! Ich habe Kaffee bestellt, keinen Tee!

B: Entschuldigung, tut mir Leid. Ich bringe Ihnen sofort den Kaffee.

Dialog 2

A: Entschuldigung! Ich bekomme aber Wiener Schnitzel und keinen Kalbsbraten!

B: Oh, da ist leider etwas verwechselt worden.

Dialog 3

A: Verzeihung! Ich warte schon zehn Minuten auf meine Nudelsuppe!

B: Entschuldigen Sie bitte! Die Küche ist heute überlastet.

Diaolg 4

A: Entschuldigung! Ich habe keine Gabel!

B: Einen Augenblick, bitte. Ich bringe Ihnen sofort eine!

Dialog 5

A: Entschuldigen Sie! Mir ist das Fleisch zu fett!

B: Oh, tut mir Leid, möchten Sie etwas anderes bestellen?

(1) Notieren Sie die Beschwerden auf Koreanisch.

<어휘> Entschuldigung, tut mir Leid! 죄송합니다!, Ich bekomme aber Wiener Schnitzel 나는 비엔나 슈니첼을 시키지 않았습니다, s Schnitzel 엷게 썬 송아지고기, (우리으) 돈까스, s Kotelett 커틀릿(갈비뼈가 들어있음), r Kalbsbraten 송아지 고기구이, verwechseln 혼동하다, 뒤바꾸다, e Nudelsuppe 국수(가 든) 수프, e Küche 주방, überlastet 부담이 과중한, e Gabel 포크, s Fleisch 고기, fett 기름진, 지방이 많은

3. Praxis

[3-1] *Was kann der Gast an Speisen und Getränken beanstanden?*

	(1)	(2)	(3)	(4)	(5)	(6)	(7)	(8)	(9)	(10)	(11)	(12)	(13)	(14)	(15)
Wein															
Milch															
Bier															
Brot															
Kuchen															
Fleisch															
Fisch															
Salat															
Suppe															
Ei															
Butter															
Sahne															

(1) zu fett (2) zu weich (3) (zu) trocken (4) (zu) sauer
(5) nicht frisch (6) schal (7) versalzen (8) zu scharf
(9) zu scharf (10) fade (11) ranzig (12) (zu) hart
(13) zäh (14) (zu) warm (15) roh

<어휘> beanstanden et.[4] ...에 항의하다, fett 기름진, weich 연한, trocken 기름기가 없는, 퍽퍽한, schal (맥주가) 김빠진, versalzen 짠, fade 간이 맞지 않은, ranzig (기름, 지방이) 악취가 나는, zäh 질긴

[3-2] *Welche Reaktion passt zu welcher Beschwerde?*

A	Herr Ober, ich finde, der Wein ist zu sauer!
B	Ich glaube, der Kuchen ist nicht mehr ganz frisch.
C	Das Messer fehlt!
D	Ich habe keine Gulaschsuppe bestellt, sondern Tomaten-suppe!
E	Jetzt warte ich schon zwanzig Minuten!

1	Tut mir Leid. Ich habe keinen anderen.
2	Möchten Sie eine andere Flasche probieren?
3	Verzeihung! Sie bekommen sofort Ihre Tomatensuppe!
4	Entschuldigung! Heute haben wir besonders viel zu tun!
5	Entschuldigen Sie, ich bringe Ihnen sofort eins!

<어휘> e Beschwerde 불평, sauer (맛이) 신, frisch 신선한(↔ alt)

4. Grammatik

1. 부정어 **kein**과 **nicht**의 용법과 위치

· Das ist **kein** Bahnhof, das ist **ein** Flughafen.
· Das ist **keine** Studentin, das ist **eine** Schülerin.
· Ich habe **keine** Zeit und **kein** Geld.
· Das sind **keine** Konzertkarten, das sind Theaterkarten.
· Ich gehe **nicht** ins Konzert, ich bleibe zu Hause.
· Kommst du aus Berlin? → Nein, ich komme **nicht** aus Berlin.
· Ist er krank? → Nein, er ist **nicht** krank.

<주 의>

· Ich besuche Familie Koblenz. → Ich besuche Familie Koblenz **nicht**.
· Ich kenne den Mann. → Ich kenne den Mann **nicht**.
· Er spielt **nicht** Fußball.

2. 명사의 문법적 성**(Genus)**

(ㄱ) 남성

· 요일, 월, 계절, 4방위: Montag, Januar, Frühling, Osten
· 기후, 바람: Regen, Schnee, Taifun
· 산, 산맥: Halla, Harz (예외: Zugspitze, Alpen)
· 화폐, 자동차, 술: Dollar, Won, Frank (예외: die Mark, die Pfund), VW, BMW, Sonata, Kognak
· 접미사 **-er, -ling, -ig, -ich**를 취하는 명사: Fahrer, Lehrling, Honig, Teppich

(ㄴ) 여성

· 강, 나무, 꽃, 열매 이름: die Oder, die Wolga, Themse(예외: der Rhein, der Neckar), Rose(예외: der Apfel, der Ahorn(단풍나무))
· 숫자, 담배, 배, 비행기 이름: Eins, Zehn, Titanik, Lufthansa, Asiana
· 접미사 **-ei, -heit, -keit, -schaft, -ung**을 취하는 명사: Träumerei(환상), Einheit, Wissenschaft, Wohnung

(ㄷ) 중성

· 동물의 자웅을 동시에 나타내는 표현: Pferd(말), Schaf(양), Rind(소), Schwein (돼지), Huhn(닭)

- 광물, 철자, 단위 이름: Gold, Eisen, Ypsilon, Kilowatt
- 호텔, 영화관, 카페 이름: Hilton, Capitol, Corso
- 언어, 색깔 이름: Deutsch, Rot, Schwarz
- 접미사 **-chen, -lein, -tum, -um**을 취하는 명사: Mädchen, Eigentum(소유물), Gymnasium (예외: der Reichtum(부), der Irrtum(착각, 오류)

(ㄹ) 복수로만 사용되는 명사

- Eltern, Geschwister, Ferien, Leute,

5. Kulturreise

슈프레(Spree) 강가의 문화섬

5개의 박물관들이 1평방킬로미터 안에 모여 있는 문화 섬(Kulturinsel)이 있다. 베를린에 있는 이 박물관 섬은 독일 박물관 풍경의 진수이다. 인류 6000년 역사를 아우르는 수집품들이 거대한 5개의 건물들에 모여 있는데, 위의 사진은 페르가몬 박물관(Pergamonmuseum)과 보데 박물관(Bodemuseum) 전경이다. 이 5개의 박물관은 지상에서 가장 거대한 박물관 타운(Museumkomplex)을 이룬다.
http://museuminsel-berlin.de

제3장

번역 및 해답 **

<번역 2-1> • 룸서비스입니다!
◦ 안녕하세요. 아침식사를 주문하고 싶습니다.
• 예. 주문하시죠!
◦ 햄이 든 스크램블 에그 둘, 커피 그리고 오렌지 주스.
• 예. 감사합니다. 몇 시에 아침을 드시겠습니까?
◦ 8시15분 정각에 하겠습니다!
◦ 감사합니다. 안녕히 계세요!
• 알겠습니다.
• 안녕히 계세요.

<번역 2-2> • 들어가도 좋겠습니까?
• 안녕하세요. 잘 주무셨습니까?
• 아침식사예요!
• 그밖에 더 원하시는 게 있습니까?
◦ 예. 들어오세요!
◦ 예. 감사합니다.
◦ 감사합니다.
◦ 아뇨. 감사합니다.

<번역 2-3> Dialog 1
A: 여보세요! 나는 차가 아니라 커피를 주문했어요!
B: 죄송합니다. 곧 커피를 갖다드리지요.

Dialog 2
A: 실례지만, 내가 받은 건 비엔나 슈니첼이지 송아지 고기구이가 아닌 데요!
B: 예. 바뀌었군요.

Dialog 3
A: 여보세요! 국수 수프를 벌써 10분이나 기다렸어요!
B: 죄송합니다! 오늘 주방에 주문이 너무 많이 밀려있습니다.

Dialog 4
A: 여보세요! 포크가 없어요! B: 잠깐만요! 곧 하나 갖다드리겠습니다!

Dialog 5
A: 여보세요! 고기에 기름기가 많은 것 같아요!
B: 예. 죄송합니다. 다른 것을 주문하시겠어요?

<해답 2-3> 각자 한국어로 말해보기

<번역 3-2>

A	웨이터! 포도주 맛이 너무 씬 것 같아요.
B	과자가 전혀 신선하지 않은 것 같아요.
C	나이프가 없어요!
D	나는 굴라쉬 수프가 아니라 토마토 수프를 주문했어요!
E	기다린 지 벌써 20분이나 되었어요!

1	죄송합니다. 다른 것이 없습니다.
2	다른 고기를 시식해보시겠습니까?
3	죄송합니다! 곧 토마토 수프를 갖다드리겠습니다!
4	죄송합니다! 오늘은 특히 바쁘군요!
5	죄송합니다. 곧 하나를 갖다드리겠습니다!

<해답 3-1> Wein: 3, 4, 6, 9, 13, 14
Bier: 5, 6, 9, 13, 14
Kuchen: (1), 2, 3, 5, 9, 11
Fisch: 1, 2, 3, 5, 7, 8, 9, 13, 15
Suppe: 1, 4, 5, 7, 8, 9, 13
Butter: 2, 5, 10, 11, 14
Milch: 1, 4, 5, 13, 15
Brot: 2, 3, 5, 7, 11
Fleisch: 1, 3, 5, 7, 8, 9, 11, 12, 13, 15
Salat: 5, 7, 8, 9,
Ei: 2, 5, 10, 11, 15
Sahne: 4, 5, 10

<해답 3-2> (A) 2 (B) 1 (C) 5 (D) 3 (E) 4

제 4 장

****

Gaeste informieren

1. Redemittel

[1] 택시

Können Sie ein Taxi schicken?/Ich möchte ein Taxi bestellen.
Wohin möchten Sie fahren?
- Ins City-Hotel, bitte./Zu dieser Adresse.

택시를 보내주시겠어요?
어디로 가십니까?
- 시티 호텔로/이 주소로 가 주세요.

Ich steige hier aus./Bei der nächsten Ampel/Vor dem Gebäude möchte ich aussteigen.
- Wir sind da.
- Hier, bitte das Geld. Der Rest ist für Sie.

여기서 세워 주세요./다음 신호에서/저 건물 앞에서 세워 주세요.
- 다 왔어요.
- (돈을 건네며) 여기 돈 받으세요. 거스름돈은 됐어요.

[2] 지하철

Wo kann man hier die U-Bahn nehmen?
Wo ist der Fahrkartenschalter/der Fahrkartenautomat/der Bahnsteig, bitte?
Wo kann man eine U-Bahnkarte kaufen?

어디서 지하철/버스를 타지요?
매표소/자동매표기/승강장은 어디에 있지요?
지하철 승차권은 어디서 사지요?

Welche U-Bahn-Linie fährt zum Rathaus?

Hält die U-Bahn am Rathaus an?
Wo muss ich umsteigen?
- Es ist ausgeschildert./An der nächsten Haltestelle steiegn Sie aus.

어느 노선이 시청으로 가죠?
이 지하철은 시청에서 섭니까?
어디서 갈아타야 하죠?
- 다음 정거장에서 내리세요./이번 정거장에서 내리세요.

Wie viele Haltestellen sind es bis zum Stadtzentrum?
- Die siebte Haltestelle.

몇 번째 정거장이 시내중심이죠?
- 일곱 번째에요.

Welchen Ausgang muss man zum Rathaus nehmen?

시청으로 가려면 어디로 나가야 하죠?

[3] 버스

Gibt es hier Busse ins Zentrum? 여기에 시내로 가는 버스가 있어요?
Welcher Bus fährt ins Zentrum? 어느 버스가 시내로 가죠?

Zwei Fahrkarten zur Uni, bitte./Eine Tageskarte, bitte.

대학교행 표 두 장 주세요./1일 승차권 하나 주세요.

[4] 기차/배

Eine Hinfahrt/Hin-und Rückfahrt nach Koblenz um 10 Uhr, bitte. Für die erste Klasse/den Stehplatz, bitte.

코블렌츠행 9시표 편도/왕복 한 장 주세요. 일등석/자유석으로.

Auf welchem Gleis fährt der Zug nach Koblenz? - Gleis vier.

코블렌츠행은 몇 번 홈이죠? - 4번 홈입니다.

[5] 렌터카

Ich möchte für eine Woche ein Auto mieten. 차를 일주일간 빌리고 싶어요.

Welchen Autotyp möchten Sie? 어떤 차종을 원하시죠?
Ich möchte einen Kleinenwagen/Mittelklassenwagen/Oberklassenwagen/ einen Geländewagen/eine Cabriolet/einen Van(Kombiwagen)/einen Wagen mit Automatik/Gangschaltung.
소형/중형/대형/지프/오픈카/벤/오토매틱/수동을 원합니다.

Was kostet dieser Wagen pro Tag/Woche?
- Ist Benzin auch inbegriffen?
이 차는 하루/주당에 얼마죠?
- 기름값도 포함된 건가요?

Möchten Sie eine Autoversicherung? 자동차보험에 드시겠어요?
- Ich möchte die Vollkaskoversicherung/Teilkaskoversicherung/ Insassenunfallversicherung.
- 자동차 종합보험/일부차체보험/탑승자상해보험으로 해주세요.

Ich möchte das Auto zurückgeben.
차를 반납하고 싶습니다.

Ich möchte voll tanken. - Wie macht man das?
가득 채워주세요. - 어떻게 하는 거죠?

Was kostet die Parkgebühr pro Stunde? 주차비가 시간당 얼마죠?
Wo ist der Parkautomat/die Kasse, bitte?
주차 자동티켓판매기/정산소가 어디 있죠?

[6] 길안내

Entschuldigen Sie, ich glaube, ich habe mich verirrt. Wo bin ich jetzt?
- Kommen Sie mit./Ich bin auch fremd hier.
실례지만, 제가 길을 잃은 것 같은데요. 여기가 어디죠?
- 따라 오세요./저도 초행입니다.

Wie geht man am besten zum Stadtzentrum?
- Nehmen Sie einen Bus.
어떻게 하면 시내로 가죠? - 버스를 타세요.

[7] 날씨

① Ist das Wetter bei Ihnen gut? - Ja, es ist gut.
그쪽은 날씨가 어떻습니까? - 좋아요.

② Wie ist die Wettervorhersage für morgen? - Es wird regnen.
내일 날씨예보는 어떻습니까? - 비가 올 것 같아요.

③ Wie hoch ist die Temperatur am Tag? - Höchsttemperatur ist 30°C.
낮 최고 기온은 몇 도입니까? - 30도입니다.

④ Wie ist die Temperatur? - 21°C.
기온은 몇 도입니까? - 21도입니다.

⑤ Kann man bei Ihnen schon Ski fahren? - Nein, noch nicht.
그쪽에서는 벌써 스키를 할 수 있나요? - 아뇨. 아직 못해요.

⑥ Wie hoch liegt der Schnee? - 30 cm.
눈은 얼마나 왔습니까? - 30 cm.

⑦ Sind die Straßen schneefrei? - Nein, viel Schnee im Winter.
도로에는 눈이 없습니까? - 아뇨. 겨울에는 눈이 많아요.

2. Dialoge

[2-1] *Zeichnen Sie den Weg auf den Stadtplan.*

◦ Die Graf-Adolf-Straße. Wo ist die, bitte?

• Das ist nicht so weit. Sie gehen die Breite Straße entlang. Die sechste Querstraße ist die Graf-Adolf-Straße.

◦ Ach so! Danke auch.

<어휘> zeichnen(h) ...표시하다,
entlang (4격 지배 전치사) ...을 따라서,
e Querstraße 십자로, 옆골목

[2-2] *Zeichnen Sie den Weg auf den Stadtplan.*

◦ Verzeihung, wie komme ich am besten zum Schauspielhaus?

• Die erste Straße links bis zur Kreuzung Schadowstraße, biegen Sie da ein, und nochmal die zweite links.

◦ Danke.

<어휘> e Verzeihung 실례
(Verzeihung! 실례합니다),
s Schauspielhaus 극장,
e Kreuzung 교차로,
einbiegen(s) (어떤 길로) 접어들다

[2-3] *Bitte hören Sie zu.*

◦ Ich möchte morgen früh nach Bremen(http://www.bremen.de). Wann habe ich eine günstige Verbindung?

• Sie können um 7.10 Uhr von Mailand abfahren. Dann sind Sie um 22.32 Uhr in Bremen.

◦ Muss ich umsteigen?

• Nein.

<어휘> günstig 유리한, 편리한, e Verbindung 연결(기차), umsteigen 갈아타다

[4] *Wie ist das Wetter in Berlin?*

DAS WETTER

Heute in Berlin

Am Rande des Nordseetiefs „Lulu" wird von Westen und Nordwesten zunehmend kühlere Meeresluft herangeführt. Heute wechselnd heiter und stark bewölkt, vor allem in der zweiten Tageshälfte Schauer oder Gewitter. Bei schwachem, in Gewitternähe stark böigem Wind aus West bis Nordwest höchste Tagestemperatur 20 Grad, tiefste nachts 10 Grad Celsius.

Morgen in Berlin

Wechselnd heiter und wolkig, nur noch geringe Schauerneigung. Bei schwachem bis mäßigem Nordwestwind Höchstwert etwas über 20 Grad, tiefster nachts 8 Grad Celsius.

Werte von 14 Uhr

Der Luftdruck fiel von vorgestern 1018 hPa auf gestern 1016 hPa.
Tendenz: schwach steigend
Relative Luftfeuchtigkeit: 62 %
Lufttemperatur: 20 Grad Celsius

(Gestern, 14 Uhr)
Travemünde heiter 17°
Flughäfen

◦ Guten Tag, ich wollte wissen, wie das Wetter bei Ihnen ist.
• Wir haben gerade ein Gewitter. Aber nach der Wettervorhersage wird es morgen besser.
◦ Und wie ist die Temperatur?
• Höchsttemperatur 20°C. In der Nacht ist es ziemlich kalt. Etwa 10°.

<어휘> zunehmend 증가하는, r Westen 서쪽(방위의 성: 남성), kühl 서늘한, e Meeresluft 바닷바람, heranführen 가까이에 이르다, wechselnd 변화하는, bewölkt 구름이 낀, r Schauer 소나기, böig 돌풍이 부는, r Luftdruck 기압, e Luftfeuchtigkeit 공기중 습도, gemäßigt 적당한, 온건한, gerade ein Gewitter haben 방금 뇌우가 있었다, nach D. ...에 따르면, s Gewitter 소나기, 뇌우, e Wettervorhersage 날씨예보, e Höchsttemperatur 최고기온, in der Nacht 밤에는, ziemlich 꽤, 상당히, 제법,

3. Praxis

[3-1] *Lesen Sie den Fahrplan und ergänzen Sie die Sätze.*

Passau Hbf ⟶ Aachen Hbf

757 km

ab	Zug	Umsteigen	an	ab	Zug	an	Verkehrstage
4.42	RE 3061	Plattling Regensburg Hbf Köln Hbf	5.18 6.10 12.05	5.23 6.24 12.17	RB 6402 2.Kl IC 620 ✗ RB 8418	**13.20**	Mo - Sa 01
5.30	RB 6404	Regensburg Hbf Nürnberg Hbf Köln Hbf	6.52 8.25 13.05	7.19 8.32 13.14	RE 3002 IC 820 ✗ D 424 🍸	**14.01**	Mo - Sa 02
7.20	IC 528 ✗	Köln Hbf	14.05	14.17	RB 8422	**15.20**	täglich
9.22	IC 526 ✗	Köln Hbf	16.05	16.13	RE 8504	**17.09**	Mo - Do 03
9.22	IC 526 ✗	Köln Hbf	16.05	16.17	RB 8426	**17.20**	täglich
9.46	IC 688 🍸	Nürnberg Hbf Köln Hbf	12.20 17.05	12.32 17.14	IC 726 ✗ D 432 🍸	**18.01**	täglich 04
9.46	IC 688 🍸	Würzburg Hbf Köln Hbf	13.26 17.05	13.28 17.14	IC 726 ✗ D 432 🍸	**18.01**	05
11.25	EC 28 ✗	Köln Hbf	18.05	18.17	RB 8430	**19.20**	täglich
12.24	RE 3077	München Hbf Köln Hbf	14.36 20.30	14.46 20.45	EC 114 ✗ RE 4030	**21.42**	täglich
13.24	ICE 90 ✗	Würzburg Hbf Köln Hbf	16.26 20.05	16.28 20.14	IC 522 ✗ D 438 🍸	**21.01**	06
13.24	ICE 90 ✗	Nürnberg Hbf Köln Hbf	15.28 20.05	15.32 20.14	IC 522 ✗ D 438 🍸	**21.01**	täglich 07
15.25	EC 24 ✗	Köln Hbf	22.05	22.17	RB 8438	**23.22**	täglich 08
17.25	EC 22 ✗	Köln Hbf	0.05	0.17	RB 8442	**1.22**	täglich 08
22.47	EN 224 2.Kl 🛏 🛏 🍸					**7.15**	täglich
23.19	EN 490 2.Kl 🛏 🛏	Nürnberg Hbf	1.29	1.37	EN 224 2.Kl 🛏 🛏 🍸	**7.15**	täglich

01 = nicht 1., 11. Jun, 15. Aug, 3. Okt, 25., 26. Dez, 1., 6. Jan, 2. bis 5. Apr, 1., 13., 24. Mai '99
02 = nicht 1., 11. Jun, 3. Okt, 25., 26. Dez, 1., 6. Jan, 2., 5. Apr, 1., 13., 24. Mai '99
03 = nicht 1. Jun, 5. Apr, 13., 24. Mai '99
04 = 12. bis 27. Sep Mo - Fr; nicht 27., 28. Jun, 4., 5. Jul, 29., 30. Aug, 24., 25. Okt, 17., 18., 24., 25. Apr
05 = 12. bis 27. Sep Sa, So; auch 27., 28. Jun, 4., 5. Jul, 29., 30. Aug, 24., 25. Okt, 17., 18., 24., 25. Ap
06 = 28. Jun, 5. Jul, 30. Aug, 13., 20., 27. Sep, 25. Okt, 18., 25. Apr
07 = nicht 28. Jun, 5. Jul, 30. Aug, 13., 20., 27. Sep, 25. Okt, 18., 25. Apr
08 = nicht 24., 31. Dez

(1) Der RE 3077 kommt um 14.36 Uhr in (   ) an.

(2) Der EC 28 fährt um (   ) von Köln ab.

(3) Von Passau nach Aachen braucht der EN 224 circa (   ) Stunden.

(4) Der erste Zug nach Würzburg fährt um (   ) ab.

(5) Der RE 3061 fährt nur montags bis (   ).

<어휘> RE: Regionalexpress, IR: Interregio, IC: Intercity, ICE: Intercity Express, EC: Eurocity, EN: EuroNight, circa 대략, 약, ankommen 도착하다, abfahren(s) 출발하다

[3-2] *Wie ist das Wetter heute in Düsseldorf ?*

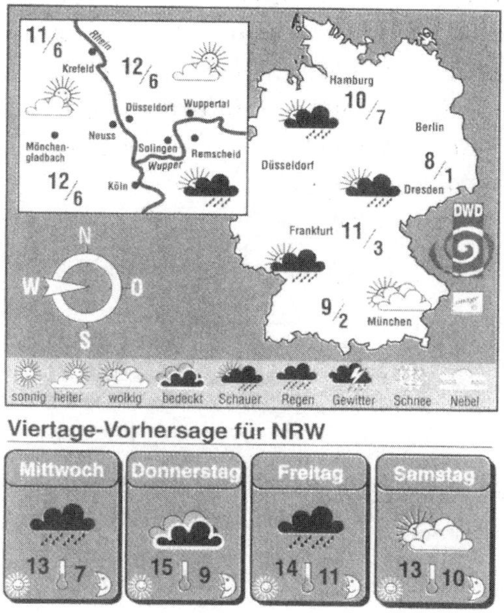

Wettervorhersage

Unter Zwischenhocheinfluss wird das Wetter im Laufe des Tages freundlicher. Morgen nähert sich erneut ein Tiefausläufer.
Heute anfangs noch stärker bewölkt mit einzelnen Schauern, die rasch abklingen. Danach wechselnd wolkig mit einzelnen Aufheiterungen. Um 11 Grad.

Wetter-Service

Biowetter:
In der zweiten Tageshälfte reagieren Wetterfühlige heute mit ersten Anzeichen auf die sich nähernden Ausläufer eines markanten Sturmtiefs. Beschwerden wie Kopfschmerzen, Migräne, Narbenschmerzen oder Schlafstörungen können häufiger auftreten. Die Konzentrationsfähigkeit lässt nach.

Wassertemperaturen

Nord- und Ostsee	9 bis 11 Grad
Kanaren, Madeira	18 bis 20 Grad
Westl. Mittelmeer	18 bis 23 Grad
Östl. Mittelmeer	23 bis 27 Grad
Adria	19 bis 21 Grad
Ägäis	20 bis 22 Grad

(1) Das Wetter ist morgens ① wechselhaft. ② schön. ③ schlecht.

(2) Am Nachmittag ist es ① wechselhaft. ② schön. ③ schlecht.

(3) Die Tagestemperatur liegt ① über 20℃. ② unter 10℃. ③ zwischen 10℃ und 15℃.

(4) Am Wochenende wird es ① eher wolkig. ② immer heiter. ③ unbeständig.

<어휘> r Zwischenhocheinfluss 단기고기압권의 영향, s Wetter 날씨, sich nähern 접근하다, erneut 새로이, r Tiefausläufer 기압골, bewölkt 구름이 낀, abklingen 차차 사라지다, e Aufheiterung 날씨가 갬, wolkig 구름이 낀, 흐린, heiter 맑은, 청명한, unbeständig 변화무쌍한, 수시로 변하는
wetterfühlig 날씨변화에 민감한, mit erster Anzeichen 첫 번째 징후로, markant 현저한, 인상적인, s Sturmtief 폭풍을 일으키는 저기압, e Beschwerde 고통, e Migräne 편두통, r Narbenschmerz 흉터통증, e Narbe 흉터, nachlassen 약해지다, 느슨해지다

4. Grammatik

4.1. 명사 복수형(Nomen-Plural)

Gruppe 1 **- (")**		Gruppe 2 **- (")e**		Gruppe 3 **- (")er**	Gruppe 4 **- (e)n**		Gruppe 5 **- s**
r Füller	r Vater	r Farbstift		s Bild	e Schere	e Frau	s Foto
r Spitzer	r Bruder	r Freund		s Haus	e Tafel	e Lehrerin	r Opa
r Lehrer	e Mutter	r Hund	r Block	s Buch	e Kreide		e Oma
r Pinsel		s Heft		s Kind	e Mappe		
s Mäppchen		s Lineal			e Patrone		

• 독일어의 모든 명사는 남성, 여성, 중성 중의 한가지 성을 갖는다. 성에 따라 관사의 격어미가 달라진다.
  der Bruder, das Buch, die Schwester

• 독일어의 복수형:
  단수: der Bruder → 복수: die Brüder

• (")는 명사의 모음(**a, o, u**)이 변모음(Umlaut, 전설모음)한다는 뜻임(예, der Vater → die Väter)

• 여성명사의 대부분은 Gruppe 4에 속한다.

4.2. 무관사(Null-Artikel)

· Christian hört gern ☒ Rock-Musik, aber ☒ Jazz gefällt ihm nicht.

· Mario spielt ☒ Klavier in einer Jazz-Band; die Band spielt auch ☒ Volksmusik.

• ☒ Musik machen/spielen/hören

• ☒ Klavier/Schlagzeug spielen

• ☒ Zeit haben

* '☒': 관사가 없는 빈자리임을 나타냄

* 관사가 사용되지 않는 경우:
- 수식어가 없는 고유명사: in Seoul, in Korea (예외: Die Bundesrepublik Deutschland)
- 수식어가 없는 물질명사: Ich trinke jeden Morgen Milch.
- 직업, 종교, 국적 표현: Herr Kim ist Professor/Verkäufer/Amerikaner.
- sein + 형용사를 haben + 추상명사로 전환할 때: mutig sein → Mut haben, durstig sein → Durst haben

5. Kulturreise

괴테와 실러 동상

괴테와 실러가 바이마르(Weimar) 시의 극립극장 앞에 다정한 모습으로 서 있다. 이 유명한 청동기념물은 고전주의 독일문학의 두 거성을 상기시킨다. 이곳 바이마르에서 이 두 작가는 살면서 작업을 하였다. 바로 이곳에서 그들이 거주하던 집들을 구경하면서 "파우스트"와 "윌리엄 텔"의 천재작가와 초기 세계시민 시대를 추억할 수 있다.

http://leipziger-buchmesse.de
http://weimar.de

제4장

번역 및 해답 **

<번역 **2-1**> ◦그라프-아돌프 가. 그게 어디 있죠?
• 멀지 않아요. 브라이테 가를 따라 가세요. 6번째 골목이 그라프-아돌프 가입니다.
◦아 예! 감사합니다.
<번역 **2-2**> ◦실례합니다. 어떻게 하면 극장에 가장 빨리 가게 됩니까?
• 왼쪽 첫 번째 길을 교차로까지 가시면 샤도우 가입니다. 거기서 길을 접어들어서 다시 한 번 길을 접어들어서 왼쪽 두 번째 길입니다.
◦감사합니다.
<번역 **2-3**> ◦내일 아침에 브레멘으로 가려고 합니다. 언제 편리한 연결기차가 있습니까?
• 7시 10분에 밀라노에서 출발하실 수 있습니다. 그러면 22시 32분에 브레멘에 도착합니다.
◦갈아타야 합니까?
• 아닙니다.
<번역 **2-4**> ◦안녕하세요. 그쪽 날씨가 어떤지 알고 싶어요.
• 방금 소나기가 왔어요. 하지만 날씨예보에 따르면 내일은 좋아진다고 합니다.
◦기온은 어떻습니까?
• 최고 20도입니다. 밤에는 꽤 춥습니다.

<해답 **3-1**> (1) München (2) 18.17 (3) achteinhalb (4) 9.46 (5) samstags
<해답 **3-2**> 도판을 보고 직접 풀어보기.

제5장

****

Hotel beschreiben

1. Redemittel

[1] 호텔등급
Dieses Haus ist ein 1-/2-/3-/4-/5-Sterne-Hotel.
(= Dieses Hotel hat einen Stern/zwei/drei/vier/fünf Sterne.)
이 호텔은 일성/이성/삼성/사성/오성(五星) 호텔이다.

[2] 호텔시설
Dieses Hotel liegt/ist/befindet sich in der Stadtmitte.
이 호텔은 시내 중심에 위치하고 있다.

[3] 고객용시설

r Kinderspielplatz
r Tischtennisraum
s Restaurant
r Videoraum
e Nachtbar
e Diskothek
r Friseur
e Sonnenterrasse
s Hallenbad
e Snack-Bar
s Informationsbüro
e Bar
r Garten
r Leseraum
s Café
s Billardzimmer
r Tennisplatz
r Souvenirladen
e Sauna
r Fernsehzimmer
r Aufenthaltsraum

2. Dialoge

[2-1] Welcher Einrichtungen haben Sie fuer den Gast?

Hotel National

Empfehlenswertes Hotel mit gepflegter Atmosphäre, nur durch die Uferstraße vom Sandstrand getrennt. Zum Zentrum von Rimini gehen Sie etwa 30 Minuten (Linienbusverbindung).
Modern eingerichtete Zimmer mit Dusche/WC, Telefon und Balkon.
Zu den weiteren Einrichtungen des Hauses zählen Aufenthaltsraum, TV, Lift, Empfangshalle mit mehreren Sitzgruppen, Aperitifbar, Garten, Terrasse und das Restaurant (internationale und italienische Küche).
Gesamtbettenanzahl: 122; ital. Einstufung: 2. Kategorie.
Verpflegungsmöglichkeiten: Halb- oder Vollpension.

- **Kinder sparen mit Kinder-Sonderermäßigung**

Hotel Madison

Modernes Hotel in schöner, ruhiger Lage, nur ca. 3 Gehminuten vom Sandstrand und etwa 10 Minuten zu Fuß vom Zentrum entfernt.
Zimmer mit Dusche/WC und Balkon, teilweise mit Meerblick.
Swimmingpool (5×10 m) mit Sonnenterrasse. Kleiner gepflegter Garten. Stilvolle Aufenthaltsräume mit TV, Speisesaal, Taverne, Lift.
Gesamtbettenanzahl: 124; ital. Einstufung: 2. Kategorie.
Verpflegungsmöglichkeiten: Halb- oder Vollpension.

- **Kinder sparen mit Kinder-Sonderermäßigungen bis zu 50 %**
- **Verstärktes Frühstück**
- **2× wöchentlich Hausfest mit Weinausschank inklusive**

[2-2] *Bitte hören Sie zu. Wer spricht hier mit wem in welcher Situation?*

◦ Guten Tag! Wir möchten ein Doppelzimmer hier in der Nähe, für eine Nacht.

• Da wäre das Hotel Krone, es liegt sehr zentral, nicht weit von hier.

◦ Ja, und wie hoch ist da der Preis mit Dusche?

• 185 Euro mit Frühstück.

◦ Das ist uns aber zu teuer!

• Wir können es dann bei der Pension Stern probieren. Die ist billiger, 90 Euro. Soll ich für Sie anrufen?

◦ Ja, bitte. ...

• In Ordnung. Das ist ein bisschen weiter weg, aber Sie können auch zu Fuß hingehen.

<어휘> s Doppelzimmer 2인실, in der Nähe 근처에, für eine Nacht 하룻밤, nicht weit von hier 여기서 멀지 않은, e Pension 여관, 여인숙(in einer Pension übernachten 어느 여관에서 묵다), probieren 시험(해)보다, anrufen jn. ...에게 전화를 걸다, ein bisschen weiter weg 약간 떨어진, zu Fuß hingehen(s) 걸어서 거기로 가다

[2-3] Aus einem Hotelkatalog: *Welche Einrichtungen gibt es hier fuer den Gast?*

Val d'Isère

* Skizentrum der Superlative
* 10 km Steilhangabfahrten
* Traumpisten für Tiefschnee-Enthusiasten
* Helikopter-Skiing

Hotel Saint Hubert**

Gut gelegenes Hotel in unmittelbarer Nähe der Liftabfahrten. Traditionelles Haus mit großen Südzimmern mit Balkon zur Piste. Nordzimmer sind kleiner und ohne Balkon. Bar, Aufenthaltsraum, Restaurant, beheizte Garage.

Hotel Vieux Village**

Kleines, gut geführtes, gepflegtes Hotel in zentraler Lage, 200 m zu den Liftanlagen. Gemütliche Atmosphäre. Zimmer mit moderner Einrichtung. Bar, Aufenthaltsraum, Restaurant.

Preise in DM pro Person und Woche bei Selbstanreise

Bei Buspauschalreise ab/bis München kalkulieren Sie pro Pers. + DM 165,– für die Fahrt

Vertragshaus	Leistung	3. 1.-7. 2.	20. 12.-3. 1. 7. 2.-21. 4.	EZ	3. Pers.	Kinder
Neige et glace*	DZ, D, Süd **ÜF** DZ, B/WC, Süd **ÜF** DZ, Waschraum **ÜF**	**254** **454** **208**	**310** **517** **227**	a.A.	a.A.	a.A.
		1. 12.-23. 12. 7. 1.-8. 2.	23. 12.-7. 1. 8. 2.-21. 4.			
Saint Hubert**	DZ, D/WC **HP** DZ, B/WC **HP** EZ, Waschb. **HP** Dusche am Flur	**628** **674** **674**	**750** **796** **796**	–	a.A.	4-10 J. ./. 30% 10-12 J. ./. 20%
		1. 12.-22. 12. 5. 1.-9. 2.	22. 12.-5. 1. 9. 2.-13. 4.			
Vieux Village**	DZ, B/D/WC **HP**	**551**	**681**	**276/–**	–	–

<어휘> s Skizentrum 스키장 중심, r Steilhang 급경사, 절벽, e Piste 슬로프, r Enthusiast 광신자, 팬, e Liftabfahrt 리프트 출발지, e Lage 위치, e Ausstattung 장식, 설비, e Unterbringung 숙소, Südzi. = Südzimmer 남향 방, Nordzi. = Nordzimmer 북향 방, o. = ohne ...이 없는(4격 지배전치사), r Balkon 발코니, r Aufenthaltsraum 휴게실, 라운지, beheizt 난방이 된, e Garage 차고, gemütlich 아늑한, e Atmosphäre 분위기, 특색

3. Praxis

[3-1] *Welche Adjektive passen zur Beschreibung und Bewertung der verschiedenen Eigenschaften eines Hotels?*

voll klimatisiert, elegant, teuer, groß, beheizt, gut gelegen, klein, gut eingerichtet, nah, billig, gut geführt, gepflegt, erstklassig, freundlich, typisch, sportlich, zentral, modern, günstig, familiär, einfach, rustikal, komfortabel, großzügig, schön, ungezwungen, geschmackvoll, sonnig, prämiert, ruhig, apart, traditionell, repräsentativ, gemütlich, preiswert, renommiert

위치	시설	분위기	가격
gut gelegen ...	voll klimatisiert ...	apart ...	erstklassig ...

<어휘> voll klimatisiert 완전 냉난방장치가 된, elegant 품위있는, günstig 유익한, 유리한, preiswert (품질에 비해) 싼, ruhig 조용한, repräsentativ 전형적인, 대표적인, teuer - billig 비싼 - 저렴한, familiär 친숙한, 가족의, großzügig 인심 좋은, 관대한, apart 독특한, 매력적인, beheizt 난방이 된, gepflegt 잘 가꾸어진, 세련된, rustikal 시골풍의, 소박한, traditionell 전통적인, gut gelegen 위치가 좋은, ungezwungen 자연스러운, 꾸미지 않은, renommiert 유명한, 평판이 좋은, prämiert 상을 받은, sportlich 스포츠의, 스포츠에 적합한

[3-2] *Übersetzen Sie einen Reiseprospekt ins Koreanische.*

Hotel Gornergrat***

Das Hotel Gornergrat-Dorf ist ein 3 Sterne Haus und liegt zentral gelegen wie kein anderes Hotel in Zermatt, gleich gegenüber dem Bahnhof und sehr nahe an den Bergbahnen. In einem der 60 gemütlich eingerichteten Zimmer werden Sie sich rundum wohlfühlen. In unserem grosszügigen Speisesaal werden wir Sie mit köstlichen Spezialitäten verwöhnen. Die komfortable Hotelhalle, die Bar "La Matze" sowie die Sauna und das Solarium stehen jeder Zeit zu Ihrer Verfügung. <http://www.gornergrat.com>

- Welche Einrichtungen gibt es hier fuer den Gast?

<어휘> gleich gegenüber 바로 맞은편에(gegenüber(3격지배전치사): ...맞은편에), e Bergbahn 산악철도, gemütlich 아늑한, einrichten(h) 방을 꾸미다, 설비하다, rundum 부근에, wohlfühlen(h) 상쾌한 느낌이 들다, großzügig 인색하지 않는, köstlich 맛있는, 훌륭한, jn. mit D. verwöhnen 누구를 ...으로 기쁘게 해주다, komfortabel 쾌적한, 안락한, e Hotelhalle 호텔로비, s Solarium 일광욕실, 솔라리움, jeder Zeit 언제든지, zu Ihrer Verfügung stehen 여러분들이 이용할 수 있다

[3-3] Was passt nicht?

(1) Liegewiese - Sonnenschirm - Hallenbad - Strand - Fahrstuhl

(2) Tischtennisraum - Kinderspielplatz - Souvenirladen - Billardzimmer - Minigolfplatz

(3) Tennisplatz - Aufenthaltsraum - Fernsehzimmer - Leseraum - Videoraum

(4) Sauna - Hallenbad - Meerwasser - Swimmingpool - Nachtbar - Dusche

(5) Balkon - Informationsbüro - Terrasse - Garten - Liegewiese

<어휘> e Liegewiese 일광욕용 잔디밭, r Sonnenschirm 양산, s Hallenbad 실내수영장, r Strand 바닷가, 해변, 해안, r Kinderspielplatz 어린이놀이터, r Souvenirladen 기념품점, r Billardzimmer 당구장, r Aufenthaltsraum 휴게실, 대합실, 라운지, e Nachtbar 나이트바(야간술집)

4. Grammatik

1. Personalpronomen

	1인칭		2인칭		3인칭			
	단수	복수	단수	복수	단수			복수
	ich	**wir**	**du**	**ihr**	**er**	**sie**	**es**	**sie**
1격	ich	wir	du	ihr	er	sie	es	sie
2격	meiner	unser	deiner	euer	seiner	ihrer	seiner	ihrer
3격	mir	uns	dir	euch	ihm	ihr	ihm	ihnen
4격	mich	uns	dich	euch	ihn	sie	es	sie

- 인칭대명사 2격은 모두 소유대명사에 어미 -er를 첨가한 것이다.
- 인칭대명사 2격은 소유 의미가 없다. 2격지배전치사, 동사, 형용사에 사용된다.

· Statt deiner kocht Peter. 너 대신에 피터가 요리한다.
· Vergiss meiner nicht! 나를 잊지 말아라!

- 3인칭은 단수 2격을 제외하면 모두 정관사의 어미변화와 유사하다.

· Leihst du mir das Fahrrad? - Ja, klar! Ich brauche es nicht.
· Kennen Sie den Mann? - Ja, ich kenne ihn gut.

2. Steigerung des Adjektivs

- 형용사의 용법

· 술어적: Der Zug ist *modern*.
· 부가적: Der *schnelle* Zug fährt nach Hamburg.
· 부사적: Der Zug fährt *schnell*.

	원급(Positiv)	비교급(Komparativ)	최상급(Superlativ)
규칙	klein schnell schlecht	kleiner schneller schlechter	am kleinsten am schnellsten am schlechtesten
	alt groß stark hoch	älter größer stärker höher	am ältesten am größten am stärksten am höchsten
불규칙	gut viel gern	besser mehr lieber	am besten am meisten am liebsten

• 형용사의 비교

· 형용사가 1음절(모음이 하나)이면 대개 비교급과 최상급에서 변모음한다.

· hoch는 명사 앞에서 부가적으로 사용되면 hoh-로 변한다: ein hohes Gebäude.

• 원급의 사용

· Habt ihr Berge? - Ja. Die Zugspitze ist 2963 m hoch.

· Wie findest du Tennis/Fußball/Schwimmen?
- Ich finde Tennis gut/interessant.

· Wie ist der Riese? - Er ist groß und stark.

• 비교

· 원급 비교: so + 원급 + wie

Thomas spielt *so* gut Tennis *wie* Peter.
Claudia ist *so* alt *wie* du.

· 비교급: 비교급 + als

Klaus spielt *besser* Tennis *als* Peter.
Claudia ist ä*lter als* Thomas.
Ich habe eine *billigere* Uhr gekauft *als* du.
Robert isst *mehr als* Christa.

Klaus springt *höher als* Peter.
Jochen springt *so* hoch *wie* Peter.
Michael springt *am höchsten*.

· 최상급:

- 부가적인 용법: 정관사 + 최상급 + 형용사 어미 + (명사)

Michael ist *der beste*.

- 술어적인 용법(형용사나 부사): am + 형용사 + sten(어미)

Michael spielt *am besten* Tennis.
Welche Stadt ist *die größte* in Deutschland?

5. Kulturreise

네카(Neckar) 강변의 아름다움

하이델베르크(Heidelberg) 시는 환상적인 모습으로 네카 강변을 수놓고 있다. 그러나 그건 기만이다. 왜냐하면 이 도시는 특히 성(Schloss), 독일 최고(最古)의 대학교, 구도심지의 좁은 골목길(Gasse)로 유명한 것으로만 알고 있기 때문이다. 하지만 하이델베르크에는 생명공학연구의 중심지이자 활성적인 문화공연장도 적지 않음을 잊지 말아야 한다. 그 중 한 예가 3월 29일부터 4월 25일까지 열리는 하이델베르크 뮤직페스티벌이다.

http://deutsche-maerchenstrasse.com

제5장

번역 및 해답 ***

<번역 2-1> ◦안녕하세요! 이 근처에서 하룻밤을 묵을 2인 실을 원합니다.
• 그러면 크로네 호텔이면 되겠군요. 시내 중심에 있는데, 여기서 멀지 않습니다.
◦ 예. 샤워시설이 된 것은 가격이 얼마나 됩니까?
• 조식 포함 185 유로입니다.
• 너무 비싼 것 같네요!
◦ 그러면 슈테른 여관을 한 번 보실 수 있습니다. 거기는 비교적 싼 편인데, 90 유로입니다. 손님을 대신해서 제가 전화를 해볼까요?
• 예. 그러시죠. ...
◦ 해결되었습니다. 이 여관은 약간 멀리 떨어져있기는 하지만 걸어서도 갈 수 있습니다.

<해답 2-2> 각자 해볼 것

<해답 2-3> 각자 찾아보기

<해답 3-1> 각자 찾아보기
<해답 3-2> 호텔 고르너그라트
고르너그라트-도르프 호텔은 3성 호텔로서 체어마트의 다른 호텔과는 달리 시내 중심, 곧 역 바로 건너편이자 산악철도 근처에 위치해 있습니다. 60개의 아늑하게 꾸며진 방에서 여러분은 상쾌하다는 느낌을 받을 것입니다. 인정많은 식당에서 우리는 맛있는 특식으로 여러분을 기쁘게 해드릴 것입니다. 쾌적한 로비, '라 마체' 바 및 사우나 그리고 일광욕실은 언제든지 이용하실 수 있습니다.
<해답 3-3> (1) Fahrstuhl (2) Souvenirladen (3) Tennisplatz (4) Nachtbar (5) Informationsbüro

제 6 장

* *

Hotel vermitteln

1. Redemittel

[1] 방 알선하기

Wir haben kein Zimmer frei. 우리는 빈방이 없습니다.

- Leider sind wir voll belegt.
- Leider ist das Hotel völlig besetzt.
- Leider ist das Hotel ausgebucht.

- Versuchen/Probieren Sie es doch beim Hilton Hotel.
- Beim Youseong Hotel finden Sie sicher noch etwas.

- 힐튼호텔에는 아직 방이 있습니다.
- 유성호텔에는 분명히 아직 좀 있을 것입니다.

[2] 비교하기

Das Hotel Youseong ist nicht so billig wie das Hotel Riviera.

- Das Zimmer 303 ist ebenso/genauso ruhig wie Zimmer 401.
- Das Zimmer 303 ist ruhiger als Zimmer 404.

유성호텔은 리베라호텔만큼 조용하지 않습니다.

- 303호실은 401호실처럼 조용합니다.
- 303호실은 404호실보다 더 조용합니다.

2. Dialoge

[2-1] *Bitte hören Sie zu.*

◦ Guten Abend, haben Sie noch ein Doppelzimmer frei?

• Leider nicht, wir sind voll belegt. Aber in unserem Hotel "Riviera" ist bestimmt noch etwas frei.

◦ Und wo liegt das, bitte?

• Nur 5 Minuten zu Fuß von hier. Es ist nicht an der Promenade, aber doch zentral, und auch billiger.

◦ Wie viel kostet da ein Doppelzimmer mit Dusche?

• Mit Frühstück 90 Euro.

◦ Ja, das geht. Können Sie uns dort anmelden?

• Ja, ich kann sofort anrufen. Wie ist Ihr Name, bitte?

◦ Bauer. ...

• In Ordnung. Sie haben Zimmer Nr. 34. Kommen Sie, ich zeige Ihnen den Weg zum "Riviera".

<어휘> belegt=reserviert(예약이 끝난), an der Promenade 산책로 옆에(auf der Promenade 산책로에서), anmelden(h) 신청하다, 등록하다, 접수시키다, 알리다, der Weg zum 'Riviera' 리베라 호텔로 가는 길

[2-2] *Bitte hören Sie zu.*

◦ Guten Tag! Ich muss am 27. April in Zürich übernachten. Können Sie mir bitte ein Einzelzimmer reservieren?

• Wollen Sie im Zentrum wohnen?

◦ Nein, besser am Stadtrand, am liebsten nicht weit von der Autobahn.

• Wir haben da das Hotel Rex, direkt an der Autobahn, oder den Gasthof Springli, abgelegener, aber ruhiger und auch billiger.

◦ Ich würde dann lieber den Gasthof nehmen. Was kostet ein Einzelzimmer mit Frühstück?

• 80 Schweizer Franken.

<어휘> übernachten(h) im Hotel/bei meinem Freund 호텔에서/친구집에서 묵다/숙박하다, reservieren(h) 예약하다(ein Einzelzimmer reservieren 독방을 하나 예약하다), am Stadtrand 도시 외곽에, 시 변두리에, e Autobahn 고속도로, abgelegen 변두리에 놓여 있는, 외딴, r Gasthof 여관(시골의 식당이 딸린)

3. Praxis

[3-1] *Was bieten die drei Hotels an?*

Zermatt

- ✱ 150 km Pisten am Matterhorn
- ✱ Zahnradbahn bis 3100 m hoch
- ✱ Luftseilbahn bis 3407 m
- ✱ Skihochtouren, Tiefschneehänge
- ✱ Gemütlichkeit im autofreien Ort

Parkhotel Beausite****
Komfortables, großzügiges Erstklaß-hotel (120 Betten), in zentraler, ruhiger Aussichtslage. Schöne, große Hotel-halle mit Kamin, Fernsehraum, Grill-room, Bar, Sonnenterrassen, Hallen-bad (8x18 m), Sauna. Gut einge-richtete Zimmer mit Radio, Telefon. Frühstücks- und Dessertbuffet, Menü-wechsel ohne Aufpreis. Weihnachts-menü und Sylvestergala inkl. 3x wöchentlich Musikunterhaltung. Wöchentlich Empfangscocktail, Gala-diner, Grillabend und Fondue chinoise.

Apparthotel Holiday***
Komfortables Apparthotel, ruhig gelegen in der Nähe der Sesselbahn Sunnega und der Sportanlagen (Hallenbad, Eisbahn, Tennis). Studio-Zimmer mit Balkon, Kochnische, Kühlschrank, Bad/WC, Radio, Tele-fon. Zimmerdienst, Telefonzentrale, Restaurant, Bar, Aufenthaltsraum.

Hotel Gornergrat***
Altbekanntes Haus, sehr zentral ge-legen an der Gornergratbahn. Ge-schmackvolle, rustikale Einrichtung, sehr komfortabel. 100 Betten, alle Zimmer mit Bad oder Dusche, Telefon mit Direktwahl, Weckuhr. Aufenthalts-raum, Fernsehen, Restaurant mit französischen Spezialitäten. Ungezwungene Atmosphäre.

Preise in DM pro Person und Woche bei Selbstanreise

Vertragshaus	Leistung						EZ	3. Pers.	Kinder
			5.1.-9.2. 22.3.-14.4.	9.2.-22.3. 14.4.-28.4.	15.12.-5.1.				
Gornergrat***	DZ, B/D/WC	ÜF HP	553 735	805 986	956 1157		a.A.	a.A.	a.A.
			10.12.-22.12. 5.1.-2.2.	2.2.-16.2. 13.4.-27.4.	22.12.-5.1. 16.2.13.4.				
Holiday***	DZ, B/WC, N-O DZ, B/WC, Süd	ÜF HP ÜF HP	364 537 410 582	528 728 601 810	619 828 673 883		a.A.	a.A.	bis 6 J. ./. 50% 6-12 J. ./. 30%
			Mindestaufenthalt Weihnachten 12 Tage, Ostern 14 Tage						
			1.12.-22.12. 5.1.-26.1.	26.1.-23.2. 16.3.-30.3.	23.2.-16.3. 30.3.-14.4.	22.12.-5.1.			
Parkhotel Beausite****	DZ,B/WC, S-O DZ, B/WC, S-W	ÜF HP ÜF HP	546 583 592 728	910 1047 956 1092	1001 1138 1092 1229	1092 1229 1138 1274	+ 91 + 91	a.A.	2-12 J. ./. 50% 12-16 J. ./. 30%
			Mindestaufenthalt Weihnachten 12 Tage, Ostern 14 Tage						

Zermatt	Parkhotel Beausite	Hotel Gornergrat	Apparthotel Holiday
Lage			
Ausstattung			
Unterbringung			
Sport/Unterhaltung			
Küche			
Atmosphäre			

<어휘> Zermatt 체어마트 시(www.zermatt.ch), komfortabel 쾌적한, 안락한, e Aussichtslage 조망위치, 전망위치, r Kamin 벽난로, s Hallenbad 실내수영장(↔ s Freibad 야외수영장), s Dessertbüfett 디저트뷔페, r Menüwechsel 메뉴교체, r Aufpreis 추가요금, 웃돈, e Gala 축제공연, s Galadiner (국빈용) 성찬, e Sportanlage 스포츠시설, e Weckuhr 자명종, e Atmosphäre 분위기

[3-2] *Lesen Sie den Dialog.*

◦ Guten Abend, hätten Sie noch ein Doppelzimmer frei?

• Leider nicht, wir sind voll belegt. Aber in unserem Hotel Eden ist bestimmt noch etwas frei.

◦ Und wo liegt das, bitte?
• Nur 5 Minuten zu Fuß von hier. Es ist nicht an der Hauptstraße, aber doch zentral, es ist auch etwas billiger.
◦ Wie viel kostet da ein Einzelzimmer mit Halbpension?
• Einzelzimmer mit Halbpension... Moment, .. 110 Euro.
◦ Ja, das geht. Würden Sie mich bitte dort anmelden?
• Ja, gern. Ich rufe sofort an. Wie ist Ihr Name, bitte?
◦ Sturm.
• In Ordnung. Sie haben Zimmer Nr. 34. Kommen Sie, ich zeige Ihnen den Weg zum Eden.

(1) Notieren Sie die Reservierung.

Hotel	Lage	Preis	Name	Zimmernummer

(2) Lesen Sie noch einmal den Dialog und ergänzen Sie den Text.

Herr Sturm ist am (①) im Hotel angekommen. Das Hotel ist leider (②). Der Rezeptionist nennt ihm ein anderes (③). Es liegt nicht (④) der (⑤), aber doch zentral. es ist etwas (⑥). Das (⑦) mit (⑧) kostet (⑨). Der Rezeptionist ruft das Hotel Eden an und (⑩) das Zimmer Nr. (⑪). Dann zeigt er dem Touristen den (⑫) zum Hotel.

<어휘> frei haben 비어있다, leider 유감스럽게도, bestimmt 분명히, etwas billiger 약간 더 싼, belegt 예약이 끝난, e Halbpension 아침식사를 포함한 두 끼 식사를 제공하는 투숙(↔ Vollpension), anmelden(h) jn. 신청하다, 등록하다, 접수시키다, 알리다, sofort 즉시, 곧장, zeigen 가리켜주다, 안내하다, der Weg zum Eden 에덴 여관으로 가는 길

4. Grammatik

4.1. 형용사의 부가어적 사용

①	약변화: 정관사류(der dieser, jeder, mancher, welcher) + 형용사 + 명사			
	단 수			복 수
1	der **neue** Kollege	die **ganze** Familie	das **alte** Büro	die **neuen** Kollegen
2	des **neuen** Kollegen	der **ganzen** Familie	des **ganzen** Büros	der **neuen** Kollegen
3	dem **neuen** Kollegen	der **ganzen** Familie	dem **ganzen** Büro	den **neuen** Kollegen
4	den **neuen** Kollegen	die **ganze** Familie	das **ganze** Büro	die **neuen** Kollegen
②	혼합변화: 부정관사류(ein, mein, dein, sein, ihr, unser, euer, kein) + 형용사 + 명사			
	단 수			복 수
1	ein **neuer** Kollege	eine **ganze** Familie	ein **altes** Büro	**ganze** Familien
2	eines **neuen** Kollegen	einer **ganzen** Familie	eines **ganzen** Büros	**ganzer** Familien
3	einem **neuen** Kollegen	einer **ganzen** Familie	einem **ganzen** Büro	**ganzen** Familien
4	einen **neuen** Kollegen	eine **ganzen** Familie	ein **ganzes** Büro	**ganze** Familien
③	강변화: 무관사(∅) + 형용사 + 명사			
	단 수			복 수
1	**guter** Wein	**gute** Musik	**gutes** Bier	**gute** Weine
2	**guten** Weins	**guter** Musik	**guten** Biers	**guter** Weine
3	**gutem** Wein	**guter** Musik	**gutem** Bier	**guten** Weinen
4	**guten** Wein	**gute** Musik	**gutes** Bier	**gute** Weine

① 약변화(정관사류(der dieser, jeder, mancher, welcher)+형용사+명사)

- Der Kollege ist neu. → Das ist *der neue Kollege.*
- Das Bier ist gut. → Das ist *das gute Bier.*
- Die Bluse ist hübsch. → Das ist *die hübsche Bluse.*
- *Das billigste Fahrzeug* ist zweifellos ein Fahrrad.

② 혼합변화(부정관사류(ein, mein, dein, sein, ihr, unser, euer, kein)+형용사+ 명사)

- Möchten Sie *einen blauen Anzug, ein neues Kleid, eine hübsche Bluse?*
- Ich suche *einen intelligenten, liebevollen Mann.*
- Er ist *ein längerer Fluß* als die Donau.
- Ich habe *keinen roten Kugelschreiber.*

③ 강변화(무관사(∅)+형용사+명사)

· Nur *frei erzogene Kinder* können später *glückliche Erwachsene* werden.

· Was trinken Sie: *Schwarzen* oder *braunen Kaffee*, *helles* oder *dunkles Bier*, *warme* oder *kalte Milch*? - Nur *schwarzen Tee*!

<주의1> 형용사 비교급의 부가어적 사용

· Der Anzug ist mir zu dunkel. → Haben Sie keinen *hell-er-en* (Anzug)?

· Das Kleid ist mir zu teuer. → Haben Sie kein *billig-er-es* (Kleid)?

· Die Hose ist mir zu modern. → Haben Sie keine modern-er-e (Hose)?

· Die Sachen sind mir zu teuer. → Haben Sie keine *preiswert-er-en* Sachen?

· Die Sachen sind mir nicht gut genug. → Haben Sie nichts *Bess-er-es*?

<주의2>

· 고유명사의 형용사화: 도시이름**+er**

die Frankfurter Straße(프랑크푸르트의 거리), in Kölner Dom(쾰른 성당 안에서)

· **viel**과 **wenig**

원 급: Ich habe viel/wenig Geld.(형용사어미가 없는 경우)

Viele/wenige Leute haben das Land besucht. (형용사어미가 있는 경우)

비교급: Maria isst mehr/weniger als ihr Bruder.(형용사어미가 없는 경우)

Monika spricht mehr/wenige Sprachen als ihr Bruder.(형용사어미가 있는 경우)

최상급: In welchem Land wohnen die meisten/wenigsten Menschen?

5. Kulturreise

뷔르츠부르크(Würzburg)의 바로크 예술

계단실(Treppenhaus))은 하늘까지 뻗어있다. 그 하늘이 그림으로 되어있기는 하지만 말이다. 베네치아 화가인 지오바니 바티스타 티에폴로(Giovanni Battista Tiepolo)는 677 평방미터나 되는 거대한 천장 프레스코화를 그린 인물이다. 위의 그림은 바이에른 주 뷔르츠부르크 궁전에 있는 예술작품을 보인 것이다. 발타자르 노이만(Balthasar Neumann)의 화려한 계제(階梯, Treppenflucht)도 이곳에 있다.
http://africafestival.org

제6장

번역 및 해답 **

<번역 2-1> ◦ 안녕하세요. 2인 실이 아직 있습니까?
- 유감스럽게도 없습니다. 완전히 예약이 끝났어요. 하지만 '리베라' 호텔에는 아직 빈 방이 몇 개 있을 겁니다.
- ◦ 그게 어디에 있습니까?
- 여기서 걸어서 5분밖에 안 걸립니다. 산책로 옆에 있지는 않지만 중심가에 있는데, 비교적 쌉니다.
- ◦ 샤워시설이 있는 2인 실이 얼마입니까?
- 조반 포함 90유로입니다.
- ◦ 예. 좋아요. 거기에 접수시켜주실 수 있어요?
- 예. 즉시 전화를 할 수 있습니다. 성함이 어떻게 되죠?
- ◦ 바우어. ..
- 됐어요. 34호실입니다. 이리 오십시오. '리베라'로 가는 길을 안내해드리겠습니다.

<번역 2-2> ◦ 안녕하세요! 4월 27일에 취리히에서 묵어야 합니다. 독방 하나 예약할 수 있습니까?
- 시내 중심가에서 숙박하시고 싶으세요?
- ◦ 아뇨. 시 변두리가 더 좋아요. 가장 좋기로는 고속도로에서 멀지 않는 곳이지요.
- 거기에 렉스 호텔이 있지요. 고속도로 바로 옆이지요. 아니면 슈프링글리 여관이 있는데, 변두리에 있기는 하지만 더 조용하고 값도 더 싸지요.
- ◦ 그러면 그 여관을 택하겠어요. 조반 포함 독방이 얼마입니까?
- 80 스위스 프랑입니다.

<번역 3-2> ◦ 안녕하세요. 2인실 빈방이 아직 있으세요?
- 유감스럽게도 없습니다. 완전히 예약이 끝났어요. 하지만 '에덴' 호텔에는 아직 빈 방이 틀림없이 몇 개 있어요.
- ◦ 그게 어디에 있습니까?
- 여기서 걸어서 5분밖에 안 걸립니다. 중앙로 근처에는 있지 않지만 중심가에 있는데, 약간 더 쌉니다.
- ◦ 조반포함 2끼를 제공하는 1인 실이 얼마입니까?
- 조반 포함 2끼를 제공하는 1인 실이라. 잠깐만요. 110 유로입니다.
- ◦ 예. 좋아요. 거기에 접수시켜주실 수 있어요?
- 예. 그렇게 해드리겠습니다. 곧 전화를 하겠습니다. 성함이 어떻게 되죠?
- ◦ 슈투름
- 됐어요. 34호실입니다. 이리 오십시오. '에덴'으로 가는 길을 안내해드리겠습니다.

<해답 3-1> 각자 찾아보기

<해답 3-2> (1) Hotel: Eden, Lage: zentral, aber nicht an der Hauptstraße, Preis: 110 Euro, Name: Sturm - Zimmernummer: 34 (2) ① Abend, ② voll belegt, ③ Hotel, ④ an, ⑤ Hauptstraße, ⑥ billiger, ⑦ Einzelzimmer, ⑧ Halbpension, ⑨ 110 Euro, ⑩ reserviert, ⑪ 34, ⑫ Weg

제 7 장

****

Hotelleistungen

1. Redemittel

[1] 부대시설 알아보기

Haben Sie im Hotel ein Schwimmbad/einen Tennisplatz/einen Fitness-Raum?
- Ich möchte schwimmen/Tennis spielen/den Fitness-Raum benutzen.

이 호텔에 수영장/테니스장/휘트니스클럽이 있어요?
- 수영을 하고/테니스를 치고/휘트니스클럽을 이용하고 싶어요.

Braucht man eine Reservierung?
- Muss man dafür zahlen? - Was kostet das pro Person?
- Wo ist das Schließfach/der Umkleideraum/die Sauna?
- Wo kann man die Tennisausrüstung/den Schläger/den Schwimmanzug leihen?

예약을 해야 하나요?
- 돈을 따로 내야 하나요? - 1인당 얼마죠?
- 사물함/탈의실/사우나는 어디에 있죠? - 테니스용품/라켓/수영복은 어디서 빌릴 수 있죠?

Die Sauna ist im Erdgeschoß/im ersten Untergeschoß/im zweiten Stock.
- Die erste Tür links/rechts.
- Gehen Sie zum ersten Stock/zur ersten Etage/nach oben.
- Benutzen Sie die Treppe!
- Sie können den Lift nehmen.

사우나는 지상층(1층)/지하 1층/지상 2층(우리의 3층)에 있습니다.
- 왼쪽/오른쪽 첫 번째 문입니다.
- 지상 1층/위층/아래층으로 가십시오.
- 계단을 이용하십시오!
- 엘리베이터를 이용하실 수 있습니다.

[2] 시간 알려주기

(Das) Frühstück ist von 7 Uhr bis 9 Uhr.
- Sie bekommen Ihr Frühstück in zehn Minuten/einer Stunde!
- (Das) Mittagessen gibt es um 12 Uhr./ab 12 Uhr.
- Ihr Frühstück kommt sofort.

  아침식사는 7시부터 9시까지예요.
  - 당신의 아침식사는 10분/1시간 있으면 됩니다.
  - 점심식사는 정각 12시에/12시부터 있습니다.
  - 당신의 아침식사는 곧 나옵니다.

[3] 우편물 부치기

Ich möchte diesen Brief nach Südkorea schicken.
- Bitte, schicken Sie ihn per Einschreiben.
- Wie viel kostet die Sendung per Luftpost nach Südkorea?

  이 편지를 한국으로 보내고 싶어요.
  - 이걸 등기로 부쳐주세요.
  - 이 우편물은 항공편으로 한국으로 보내면 얼마예요?

Was ist da drin?
- Das sind Bücher.
- Da sind zerbrechliche Sachen drin. Behandeln Sie es bitte ganz vorsichtig.
- Möchten Sie es versichern? - Ja, versichern Sie es, bitte.

  안에 든 것이 뭐죠?
  - 책입니다./깨지기 쉬운 것입니다. 조심해서 다뤄 주세요.
  - 보험에 드시겠습니까? - 예. 보험에 들어주세요.

Wie lange dauert es per Luftpost? - Etwa 2 Wochen.

  항공편으로 얼마나 걸리나요? - 2주 정도 걸려요.

Ich möchte eine Telefonkarte zu 12 Euro.

  12유로짜리 전화카드 하나만 주세요.

2. Dialoge

[2-1] *Bitte hören Sie zu.*

A: Entschuldigung, wo ist hier der Frühstücksterrasse?

B: Im ersten Stock. Mit dem Lift hier rechts kommen Sie direkt dorthin.

A: Und kann man schon frühstücken?

B: Selbstverständlich: von 7 bis 10 Uhr.

(1) Welcher Raum?

(2) Weg dorthin?

(3) Frühstück wann?

<어휘> r Frühstücksraum 아침식사 장소(= e Frühstücksterasse), r Stock 층(= e Etage), direkt 곧장, dorthin 그곳으로, r Lift 엘리베이터, s Frühstücksbüffet 조반 뷔페, frühstücken 아침을 먹다(→ s Frühstück 아침식사), selbstverständlich 물론이죠

[2-2] *Hören Sie den Dialog zu und beantworten Sie!*

A: Bitte, wo ist der Tennisplatz?

B: Gehen Sie dort durch die große Glastür. Da sehen Sie rechts das Schwimmbad. Hinter dem Zaun ist der Tennisplatz.

A: Ob der jetzt frei ist?

B: Ich sehe mal nach... Ja, im Moment ist er frei. Am besten melden Sie sich aber nächstes Mal vorher bei mir an!

(1) Wohin möchte der Gast?

(2) Wie kommt er dorthin?

(3) Was soll er nächstes Mal machen?

<어휘> r Tennisplatz 테니스장, s Glastür 유리문, s Schwimmbad 수영장, hinter D/A ... 뒤에, ...뒤로, r Zaun 울타리, frei sein 비어있다, nachsehen(h) (사정을) 확인해보다, am besten 'gut'(좋은)의 최상급, sich anmelden 신청하다, 예약하다, vorher 그전에, 미리, nächstes Mal 다음 번에는(4격 명사구로서 빈도부사어), dorthin 거기로, 그곳으로

3. Praxis

[3-1] *Lesen Sie den Prospekt und antworten Sie bitte auf die Fragen!*

Hotel "Bellevue"

Das bietet Ihnen unser Haus auf den verschiedenen Etagen:

4. Stock: *Aussichtsrestaurant - Sonnenterrasse - Toiletten - Lift*

2. und 3. Stock: *Zimmer - Toiletten - Lift*

1. Stock: *Frühstücksterrasse - ein Restaurant - Fernsehraum - zwei Konferenzräume - Lift*

Erdgeschoss: *Boutique - Friseur - Bar - Sekretariat - Direktion - Halle - Empfangsdesk - Toiletten - Lift*

1. UG: *Fitnesszentrum - Hallenbad - Sauna - Solarium - Diskothek - Lift*

2. UG: *Garage - Lift*

Außenanlage: *Außenschwimmbad - Tennisplatz - Parkplatz - Garten - Spielplatz - Liegewiese*

(1) Entschuldigen Sie, wo ist die Diskothek?
(2) Verzeihung, wann hat denn der Friseur auf?
(3) Bitte, wo ist denn das große Konferenzzimmer?
(4) Entschuldigung, gibt es hier einen Kinderspielplatz?
(5) Kann ich hier eine Ansichtskarte bekommen?
(6) Entschuldigung, ich möchte ein Fax schicken. Wo kann ich das tun?
(7) Entschuldigung, wo finde ich die Toilette, bitte?
(8) Eine Frage, kann man hier irgendwo Spezialitäten kaufen?

<어휘> e Diskothek 디스코텍, 댄스홀, r Friseur[frizøːɐ] 이발소, 이발사, s Konferenzzimmer 회의실, r Kinderspielplatz 어린이 놀이터, e Ansichtskarte 그림엽서(참고: e Visitenkarte 명함), ein Fax schicken 팩스를 보내다, e Spezialität (어떤 지방, 음식점의) 유명한 음식/요리, 특식

[3-2] *Kururlaub: Welche Dienstleistungen passen zu welchen Begriffen?*

Schwimmbad Trainingsbetreuung Maniküre
Thermalbad Lymphdrainage Solarien
kosmetische Fußpflege Bio-Sauna
Ruheraum Gesichtsbehandlungen

Vollwertküche
individuelles Trainingsprogramm
sportspezifische Leistungstests
Fußreflexzonen-massage
Aerobic
finnische Sauna
Ausdauer-/Krafttraining
Dampfbad
Ernährungsberatung
klassische Massagen
Körperbehandlungen
Solebad im Freien
Make-Up-Beratung
Gymnastiklektionen
medizinischer Check-up
Entschlackungskur
Whirlpools

Entspannung	Gymnastik	Schönheit	Gesundheit
klassische Massage …	Aerobic …	Gesichtsbehandlungen …	Entschlackungs-kur …

<어휘> s Thermalbad 온천욕, s Lympfdrainage 림프 배농법, s Solarium 일광욕실, 솔라리움, e Fußpflege 발 미용, e Bio-Sauna 바이오 사우나, s Whirlpools 소용돌이탕, e Gesichtsbehandlung 얼굴관리, e Körperbehandlung 신체관리, r Leistungstest 성능테스트, s Solebad 소금욕, e Fußreflexzone 발반사부위, e Make-Up-Beratung 메이크업 상담, e Ernährungsberatung 영양상담, e Entschlackungskur 노폐물 제거 (요양)치료, e Ausdauer 지구력, 인내심(s Ausdauertraining 지구력 훈련), s Krafttraining 체력단련, s Dampfbad 증기욕

4. Grammatik

4.1. Präpositionen

• **Richtungsangaben: *in / auf / zu / nach***

Maskulinum 남성	Neutrum 중성	Femininum 여성
Ich gehe *in* den Zoo. *auf* den Fußballplatz.	Ich gehe *ins* (in+das) Kino. *aufs* (auf+das) Schulfest.	Ich gehe *in* die Disco. *auf* die Klassenparty.

· Wohin gehst du? - Ich gehe *in/auf* + *Akkusativ(4격 보족어)*

· **zu** + *Namen/Personen/Gebäude.*(성/이름/건물)
Ich gehe *zu Oma. / Katrin.*

· **nach** + *Ort/Land*(지명/국명)
Ich gehe *nach Hause.*

• **Zeitangaben mit *am / im / um***

am	Wochentage	Montag, Dienstag, Mittwoch, Donnerstag, Freitag, Samstag
	Tageszeiten	Morgen, Vormittag, Mittag, Nachmittag, Abend
im	Jahreszeiten	Frühling, Sommer, Herbst, Winter
um	Uhrzeiten	drei Uhr, halb zwei, ...

· 밤에: **in** der Nacht
· 월요일 아침에: **am** Montagmorgen
· 이번 주에: **in** dieser Woche
· Was machst du ***am*** Montagabend? - Ich gehe tanzen.
· Familie Müller fährt ***im*** Sommer zwei Wochen nach Japan.

4.2. Ordnungszahlen(서수)

· Wie viele Kinder haben Sie? - Ich habe zwei Kinder.
- Der erste Sohn studiert in Köln.

· Wann sind Sie geboren? - Ich bin am ersten Januar (1999) geboren.

서수 쓰기		서수 읽기
1.		erste
2.		zweite
3.		dritte
4.		vierte
5.		fünfte
...	der	...
10.	die	zehnte
11.	das	elfte
12.		zwölfte
...		...
19.		neunzehnte
20.		zwanzigste

- 2~19 : 기수+t
- Was hast du am Montag in der ersten Stunde? - (Ich habe) Deutsch.
- Wie viele Stunden Deutsch hast du am Montag?
  - 3 Stunden Deutsch.
- Was hast du denn jetzt? - Musik.
- Habt ihr Mathe in der dritten Stunde? - Ja.
- Ich bin in der Grundschule in Klasse 2.

4.3. Uhrzeit

- 공용시간과 일상시간

	공용시간	일상시간
2:30 Uhr	zwei Uhr dreißig	halb drei
4:15 Uhr	vier Uhr fünfzehn	viertel nach vier
15:20 Uhr	fünfzehn Uhr zwanzig	zehn vor halb vier

- Wann beginnt der Unterricht? - ***Um*** 9 Uhr. [정각]
- Wann gehen Sie nach Hause? - ***Gegen*** 4 Uhr. [경]
- Hast du heute Unterricht?
  - Ja, ich habe ***von*** 9 ***bis*** 12 Uhr Unterricht.[...부터...까지]
- Welcher (Wochen-)Tag ist heute? - Heute ist Dienstag.
- Der wie vielte ist heute? - Heute ist der 13. Juli.

5. Kulturreise

상수시 궁전(Sanssouci): 존재의 가벼움

프리드리히 대왕의 여름궁전이 유월의 햇살에 빛날 때 우리는 포츠담(Potsdam) 소재 상수시 궁전의 공원 앙상블을 왜 "프로이센의 베르사이유(Preußisches Versailles)"라 부르는지 알 게 된다. 베를린의 관문인 이곳 넓은 대지에서 당장 눈에 띄는 것들 중에는 목가적인 샤를로텐궁전 뜰, 고풍스런 고대 로마목욕탕들도 있다. 1990년에 상수시의 궁전과 공원들은 유네스코 세계문화유산에 등록되었다.

http://unesco.de

제7장

번역 및 해답 **

<번역 2-1> A: 실례지만, 아침식사는 어디서 하죠?
B: 1층(우리 식으로는 2층)에 있습니다. 여기 오른쪽에 있는 엘리베이터를 타고 가면 곧장 그곳으로 가게 됩니다.
A: 그런데 아침을 먹을 수 있는 건가요?
B: 물론이죠. 7시부터 10시까지입니다.

<번역 2-2> A: 실례지만 테니스장이 어디에 있어요?
B: 저기 큰 유리문을 통과하십시오. 그러면 오른쪽에 수영장이 보일 것입니다. 울타리 뒤에 테니스장이 있습니다.
A: 지금 테니스장이 비어 있을까요?
B: 한번 보겠습니다.. ... 예. 현재 비어 있습니다. 그런데 다음번에는 미리 저에게 신청을 하시는 게 가장 좋습니다!

<해답 2-1> (1) der Frühstücksterrasse (2) Im ersten Stock... Mit dem Lift hier rechts (3) von 7 bis 10 Uhr

<해답 2-2> (1) zum Tennisplatz (2) Durch die große Glastür. Rechts das Schwimmbad. Hinter dem Zaun (3) Vorher meldet man sich an.

<해답 3-1> 둘이서 대화연습하기

<해답 3-2> 각자 연습하기

제 8 장

****

Bedauern ausdruecken

1. Redemittel

[1] 유감 표명하기

Entschuldigung! Verzeihung! Entschuldigen/Verzeihen Sie Es tut mir/uns (wirklich) Leid!	Ich bedauere (sehr)! Leider ... Das ist aber unangenehm! Das war sicher ein Versehen!

[2] 불평에 반응하기

Das geht schon in Ordnung.
Sie bekommen sofort Ihr Frühstück./Wir schicken Ihnen sofort jemand.
Wir werden Ihnen bald einen Pantoffel schicken.
Wir werden Ihnen bald Bescheid geben./Wir werden das sofort nachprüfen.
Wir werden die Sache sofort regeln./Wir werden der Sache sofort nachgehen.
※ 이제 됐습니다.
즉시 아침식사를 갖다드리겠습니다./즉시 당신에게 사람을 보내겠습니다.
당신에게 즉시 슬리퍼를 보내겠습니다.
당신에게 즉시 알려드리겠습니다./그것을 곧 다시 검사해보겠습니다.
그 일을 곧장 정리하겠습니다./그 일을 곧장 해결해드리겠습니다.

Ich werde mich persönlich darum kümmern.
Sie können sicher sein, dass.../Seien Sie sicher, wir werden ...
Wir bitten Sie um Verständnis.
※ 직접 돌봐드리겠습니다.
...을 믿어도 좋습니다./믿어주십시오. ...하여드리겠습니다.
이해해주십시오.

2. Dialoge

[1] *Bitte hören Sie zu.*

A: Zimmerservice.

B: Guten Tag, ich habe vor einer halben Stunde das Frühstück aufs Zimmer bestellt und ich habe es immer noch nicht bekommen!

A: Oh, das tut mir Leid... Welche Zimmernummer haben Sie?

B: 435.

A: Und was hatten Sie bestellt?

B: Kaffee, Toast, Butter, Honig und ein 4-Minuten-Ei.

A: Könnten Sie bitte einen Moment warten? Ich werde mich mal erkundigen.

B: Ja, bitte.

A: Verzeihung, das haben wir übersehen. Ihr Frühstück kommt selbstverständlich sofort.

(1) Um welche Situation handelt es sich hier?

① telefonische Bestellung

② Reklamation an der Rezeption

③ telefonische Reklamation

(2) Welche Nummer hat der Gast gewählt?

<어휘> r Zimmerservice 룸서비스, vor einer halben Stunde 30분전에, das Frühstück aufs Zimmer bestellen(h) 방으로 조반을 주문하다, immer noch nicht 여전히 ...않다, e Zimmernummer 객실의 호수, einen Moment 잠깐만, 잠시, sich erkundigen(h) 문의하다, übersέhen(h) 못보고 빠트리다, 간과하다, e Reklamation 항의, 불평

[2] *Bitte hören Sie zu.*

A: Ich habe 3 Hemden, eine Hose und eine Krawatte zur Reinigung geschickt. Ich habe heute Morgen die Hemden und die Hose bekommen. Die Krawatte fehlt aber. Ich habe das Zimmermädchen sofort informiert, aber bis jetzt habe ich noch nichts gehört.

B: Das war sicher ein Versehen. Wir werden es nachprüfen. Wann haben Sie die Krawatte denn abgegeben?

A: Das war vorgestern.

B: Und welche Farbe hat sie?

A: Rot, blau, grau gestreift.

B: Wie ist Ihr Name?

A: Hinz.

B: Sicher ist das Etikett mit dem Namen verloren gegangen. Wir werden Ihnen bald Bescheid geben, Herr Hinz. Inzwischen bitten wir Sie um Verständnis. Auf Wiedersehen!

(1) Lesen Sie den Dialog und notieren Sie.

Name	Zimmer-Nr.	Problem	Abgabezeit	Farbe

(2) Was tut das Personal jetzt?

<어휘> eine Krawatte zur Reinigung schicken 넥타이를 세탁시키다, e Reinigung 세탁, 세탁소, s Hemd 셔츠, fehlen 빠져있다, 없다, s Zimmermädchen 객실전속심부름꾼, s Versehen 과실, 실수, überprüfen 검사하다, 점검하다, die Krawatte abgeben 넥타이를 맡기다, vorgestern 그저께, grau gestreift 회색 줄무늬가 있는, s Etikett (상표 등의) 표찰, 꼬리표, verloren gehen 잃어버리다, jm. Bescheid geben 알려주다, inzwischen 그 동안에, bitten um A. ...으 부탁하다, s Verständnis 이해, 양해, e Abgabezeit 교부시간, 인도시간, e Farbe 색상

3. Praxis

[3-1] *Was bedeutet diese Zeichen? Bitte finden Sie zu jedem Piktogramm die entsprechende Bezeichnung.*

1 Außenschwimmbad
2 Aussichtsrestaurant
3 Autoverleih
4 Bar
5 Diskothek
6 Fahrstuhl
7 Fernseher im Zimmer
8 Fernsehraum
9 Friseur im Hotel
10 Garage
11 Garten/Parkanlage
12 Hallenbad
13 Kegelbahn
14 Kinderbecken
15 Kinderbetreuung/Spielraum
16 Klimaanlage
17 Konferenzraum
18 Kuranwendungen
19 Liegewiese
20 Parkplatz
21 Privatstrand
22 Radio im Zimmer
23 Reiten
24 Ruhige Lage
25 Sauna
26 Segeln
27 Solarium
28 Sonnenterrasse
29 Spielplatz
30 Telex
31 Tennisplatz
32 Wasserball
33 Windsurfschule
34 Zentrale Lage
35 Zimmertelefon

<어휘> s Zeichen 기호, 부호, s Piktogramm 픽토그램(국제적으로 통용되는 그림문자), e Bezeichnung 명칭, s Außenschwimmbad 실외수영장, e Kegelbahn 볼링장 (시설), e Sauna 사우나, s Aussichtsrestaurant 전망레스토랑, s Kinderbecken 어린이용 대야, r Autoverleih 자동차 임대, e Kinderbetreuung 어린이 돌보기, e Kuranwendung 요양시설사용

[3-2] *Welche Reaktion/-en passt zu welcher Beschwerde?*

A: In unserem Badezimmer fehlt die Seife.

B: Ich habe keine Handtücher.

C. Entschuldigung, der Wasserhahn tropft.

D: Ich brauche noch eine Decke, bitte.
E: Die Toilette ist nicht in Ordnung.
F: Die Nachttischlampe brennt nicht.
G: Im Schrank sind keine Kleiderbügel.
H: Entschuldigen Sie, aber die Klimaanlage funktioniert nicht.

1. Tut mir Leid. Wir bringen sie sofort.
2. Sind keine im Schrank?
3. Oh, tut mir Leid. Sie bekommen sofort welche.
4. Wir schicken sofort jemand.
5. Es kommt sofort ein Elektriker.
6. Entschuldigung, die kriegen Sie gleich.
7. Wir werden jemand schicken.
8. Wir schicken das Zimmermädchen sofort.
9. Wir rufen gleich den Installateur.

A	B	C	D	E	F	G	H

<어휘> s Badezimmer 욕실, e Seife 비누, s Handtuch 수건, r Wasserhahn 수도꼭지, tropfen 새다, 물방울이 떨어지다/맺히다, e Decke 이불, e Nachttischlampe 협탁램프, r Kleiderbügel 양복걸이, r Schrank 옷장, e Klimaanlage 냉난방시설, welche (여기서는) 약간, 몇몇(부정대명사 ein의 복수로 사용), kriegen 받다, 얻다, schicken jn. ...를 보내다, r Elektriker 전기기사, 전기공, s Zimmermädchen (호텔, 여관의) 객실청소담당여자, r Installateur (수도, 가스) 설비공, 배관공, s Bügeleisen 다리미

4. Grammatik

4.1. 과거분사(Partizip Perfekt, PP)의 형태

- Typ 1: Verben ohne Präfix → **ge** + STAMM + **t** / **en**
- Typ 2: Verben mit trennbarem Präfix → Präfix + **ge** + STAMM + **t** /**en**
- Typ 3: Verben mit nicht trennbarem Präfix → Präfix + STAMM + **t** /**en**
- Typ 4: Verben mit der Endung *-ieren* → STAMM + **t**

Typ 1		Typ 2	
부정사	P.P.	부정사	P.P.
fragen **gehen**	**ge-frag-t** **ge-gang-en**	**einkaufen** **wegfliegen**	**ein-ge-kauf-t** **weg-ge-flog-en**
Typ 3		**Typ 4**	
부정사	P.P.	부정사	P.P.
erzählen **bekommen**	**erzähl-t** **bekomm-en**	**studieren** **telefonieren**	**studier-t** **telefonier-t**

- Ich *habe* einen Traum *gehabt.*
- Ich *habe* dir doch von dem Brief *erzählt.*
- Wir *sind* nach Volary *geritten.*
- Wir *haben* unsere Schlafsäcke *mitgenommen.*
- Der Ritt *hat* mehrere Tage *gedauert.*
- Wir *sind* zuerst an die Donau *gekommen.*
- Die Fähre *hat* uns über den Fluss *gebracht.*
- Wir *haben* in Volary viele Ballons *gesehen.*
- Hast du dein Zimmer aufgeräumt? - Ja.
- Bist du in Seoul gewesen? - Nein.

4.2. 완료조동사로 sein 또는 haben을 취하는 경우는 언제인가?

- **sein ... P.P.**: 장소나 상태의 변화를 나타내는 자동사

  Das Kind *ist* um 10 Uhr *eingeschlafen.*

  Er *ist* um acht Uhr *aufgestanden.*

  Ich *bin* nach Italien *geflogen.*

• **haben ... P.P.**: 타동사, 비인칭동사, 화법조동사, 상태나 지속 의미의 자동사
Ich ***habe*** Deutsch ***gelernt.***
Er ***hat*** ein Buch ***gelesen.***
Wir *haben* Hausaufgaben ***gemacht.***

• **werden, bleiben, sein** 동사의 완료조동사는 **sein**이다.
Claudia ***ist*** bekannt ***geworden.***
Ich ***bin*** in Hamburg ***geblieben.***
Du ***bist*** nett ***gewesen.***

4.3. Perfekt(현재완료): 의미와 사용

Das passiert jetzt:	Das erzählt/schreibt danach:
Jenny träumt: Sie reitet mit Karin nach Osten. Sie lachen und reden und freuen sich. Sie kommen an die Donau. Eine Fähre bringt sie über den Fluss. Dann reiten sie weiter bis nach Volary...	"Ich *habe geträumt*: Ich *bin* mit Karin nach Osten *geritten*. Wir *haben gelacht* und *geredet* und *haben* uns *gefreut*. Wir *sind* an die Donau *gekommen*. Eine Fähre *hat* uns über den Fluss *gebracht*. Dann *sind* wir weiter bis nach Volary *geritten* ..."

5. Kulturreise

뮌헨(München): 라이프스타일이 있는 메트로폴

뮌헨은 850년 된 도시이다. 바이에른 자치주의 메트로폴이라 불리는 이 도시는 국제적인 문화여행자들의 여행지로 꼽히는 곳이다. 박물관, 궁전, 콘서트가 있는 문화상품들과 아주 독특한 바이에른식 라이프스타일은 이 도시를 유럽에서 가장 흥미로운 도시들 중 하나가 되기에 충분하다. 거대한 도시축제는 6월 14일에 마리엔 광장(Marienplatz)에서의 성대한 축제와 함께 시작된다.
http://pinakothek.de

제8장

번역 및 해답 **

<번역 2-1> A: 룸서비스입니다.
B: 안녕하세요. 30분전에 아침식사를 방으로 주문했는데 아직 안 왔어요!
A: 아 그래요. 죄송합니다. 방 번호가 어떻게 되죠?
B: 435호실입니다.
A: 뭘 주문했었죠?
B: 커피, 토스트, 버터, 꿀, 4분 동안 찐 달걀.
A: 잠깐 기다려주시겠어요? 한번 알아보겠습니다.
B: 예. 그렇게 하세요.
A: 죄송합니다. 우리가 잘 못보고 빠트렸습니다. 아침식사를 즉시 가져가겠습니다.

<번역 2-2> A: 셔츠 3개, 바지 하나, 넥타이 하나를 세탁시켰습니다. 오늘 아침에 셔츠와 바지를 받았습니다. 그런데 넥타이가 빠져있어요. 객실심부름꾼에게 즉시 알렸지만, 아직 아무런 말을 듣지 못했어요.
B: 그건 실수였음이 틀림없어요. 점검해보겠습니다. 넥타이를 언제 맡겼다고요?
A: 그저께였어요.
B: 어떤 색깔이었지요?
A: 빨강, 파랑 회색 줄무늬가 있어요.
B: 성함이 어떻게 됩니까?
A: 힌츠입니다.
B: 이름이 달린 꼬리표가 없어졌음에 분명합니다. 곧 알려드리겠습니다. 힌츠 씨. 그 동안 양해를 바랍니다. 안녕히 계세요!

<해답 2-1> (1) ③ (2) Zimmer Nr. 435

<해답 2-2> (1) Name: Hinz, Zimmer-Nr. 312, Problem: Krawatte fehlt, Abgabezeit: 2 Tage vorher, Farbe: rot-blau gestreift (2) Es prüft nach, klärt die Angelegenheit und gibt Bescheid.

<해답 3-1> 생략

<번역 3-2> A: 욕실에 비누가 없는데요. B: 수건이 없어요.
C: 실례지만, 수도꼭지가 물이 떨어져요. D: 이불이 하나 더 필요합니다.
E: 화장실이 고장 났어요. F: 협탁 램프가 켜지지 않아요.
G: 옷장에 옷걸이가 하나도 없어요.
H: 실례지만 냉난방장치가 작동이 되지 않아요.

1. 죄송합니다. 그것을 곧 갖다드리겠습니다. 2. 옷장에 하나도 없어요?
3. 아, 죄송합니다. 즉시 몇 개 갖다드리겠습니다. 4. 즉시 사람을 보내겠습니다.
5. 곧 전기공이 갈 것입니다. 6. 죄송합니다. 곧 그것을 받을 것입니다.
7. 사람을 보내겠습니다. 8. 객실심부름꾼을 즉시 보내겠습니다.
9. 즉시 설비공을 부르겠습니다.

<해답 4-2>

A	B	C	D	E	F	G	H
...	1/3/4/6/7/8	4/7/9	2/4/6/7	4/7/9	4/5/7	1/3/4/6/7/8	4/5/7

제9장

****

Telefonservice

1. Redemittel

[1] 전화

Hotel Riviera, guten Tag. 리베라호텔입니다. 안녕하세요.

- Guten Tag, hier Schulze, Hotel Riviera.

  - 안녕하세요. 여기는 리베라호텔의 슐체입니다.

Augenblick, ich verbinde (weiter)./

Moment, Sie mit Herrn Schulze./Moment, ich stelle (Sie) durch zu ihm.

잠깐만 기다리세요. 슐츠 씨와 연결해드리겠습니다.

[2] 사과

Entschuldigung, ich habe verwählt./

- Entschuldigen Sie, ich bin falsch verbunden.

죄송합니다. 잘못 걸었습니다.

[3] 통화요청

Ich möchte gern Herrn Schulze sprechen.

- Kann ich Frau Schulze sprechen?(= Ist Frau Schulze zu sprechen?)
- Ist Herr Schulze da?
- Können Sie mich bitte mit Herrn Schulze verbinden?
- Mit wem spreche ich, bitte?
- Mit wem habe ich gesprochen, bitte?

슐체 씨와 통화하고 싶은데요.

- 슐체 씨/양과 통화할 수 있을까요?
- 슐체 씨 계신가요?
- 슐체 씨와 연결시켜줄 수 있겠습니까?
- 지금 전화를 받는 분은 누구시죠?

[4] 연결상태

Ich bekomme keine Verbindung.

- Die Leitung ist besetzt/belegt/gestört/nicht frei.
- Die Nummer ist leider besetzt.(= Es ist immer noch belegt.)

전화접속이 안 됩니다.

- 전화가 불통입니다. - 그 전화번호는 통화중입니다.

Unter der Nummer meldet sich niemand.

- Da/Es meldet sich niemand.
- Soll ich es später noch mal versuchen?

아무도 전화를 받지 않습니다.

- 나중에 다시 한 번 걸까요?

2. Dialoge

[3-1] *Bitte hören Sie jetzt zu.*

A: Guten Abend!

B: Guten Abend! Können Sie mich morgen um halb sieben wecken?

A: Selbstverständlich. Ihr Name, bitte?

B: Schuster, Zimmer 12.

A: In Ordnung. Also morgen um 6 Uhr 30.

B: Ja, danke. Auf Wiederhören!

A: Auf Wiederhören!

<어휘> wecken jn. (잠에서) 깨우다, Auf Wiederhören! (전화상) 안녕히 계십시오!, morgen 내일(참고: heute Morgen 오늘 아침에)

[3-2] *Hören Sie das Gespräch.*

A: Ja, bitte?

B: Guten Abend, mein Name ist Grauert. Ich möchte morgen um Viertel nach 7 geweckt werden.

A: Ihre Zimmernummer, bitte?

B: 216.

A: In Ordnung.

B: Und bitte, würden Sie auch ein Taxi für 8 Uhr bestellen.

A: Wecken um 7 Uhr 15... und Taxi um 8. Ja, gerne.

B: Vielen Dank! Auf Wiederhören!

A: Auf Wiederhören!

<어휘> e Zimmernummer 호실, 방 번호, ein Taxi bestellen 텍스트를 호출하다

3. Praxis

[3-1] *Bitte lesen Sie den Dialog.*

A: Hotel Madeleine!

B: Guten Tag! Ich rufe aus Hamburg an. Ich möchte für die Zeit vom 21. bis zum 27. April ein Doppelzimmer mit Bad. Haben Sie noch etwas frei?

A: Augenblick. - Ja, für die Zeit haben wir noch ein Doppelzimmer mit Dusche.

B: Gut. Ist es möglich, ein Extra-Bett für ein Kind ins Zimmer zu stellen?

A: Selbstverständlich. Ein normales Bett oder ein Kinderbett?

B: Ein Kinderbett, wenn es geht. Wie hoch ist der Preis für eine Nacht?

A: 1200, Schilling das Doppelzimmer mit Frühstück. Für das zusätzliche Bett berechnen wir 220,- Schilling.

B: OK. Können Sie mir das Zimmer schon jetzt reservieren?

A: Ja, Ihr Name, bitte?

B: Wolfgang Becker, mit E.

A: Adresse und Telefonnummer?

B: Lübecker Straße 40, Telefon 8937126.

A: Ja, Herr Becker. Allerdings wäre eine Anzahlung in Höhe von 2500,- Schilling notwendig.

B: Ist gut. Auf welches Konto?

A: Zentralsparkasse Wien, Konto Nr. 608243606.

B: 608243606. Ich werde den Betrag in den nächsten Tagen überweisen und Ihnen noch mitteilen, wann ich genau ankomme.

A: Vielen Dank! Sie bekommen dann von uns eine schriftliche Bestätigung.

B: Danke, auf Wiederhören!

A: Auf Wiederhören!

(1) Kreuzen Sie nur die richtigen Aussagen an.

① Herr Becker möchte ein Zweibettzimmer mit zusätzlichem Bett.

② Das Hotel "Madeleine" ist für die gewünschte Zeit ausgebucht.

③ Herr Becker soll eine Anzahlung vornehmen.

④ Das Gespräch ist eine telefonische Reservierung.

(2) Notieren Sie die Reservierung!

Reservierung

Name ______________________________

Zimmer ______________ Preis ________________

Ankunft ______________ Abreise_ ______________

Bemerkung ______________________________

Bestellt durch ____________________________

______________________ Tel. ________________

Fax ________________

Datum Unterschift

<어휘> s Doppelzimmer 2인실, (호텔의) 트윈룸, e Dusche 샤워(시설), zusätzlich 추가의, 보충적인, r Betrag 금액, in den nächsten Tagen 가까운 시일 안에, überweisen 송금하다, mitteilen 전달하다, 전해주다, e Anzahlung 선금지급, 계약금 지급(eine Anzahlung vornehmen 계약금/선금을 지불하다), in Höhe von D. ...상당의, e Bemerkung 메모, 소견, notwendig 필수적인, 필요한, für die gewünschte Zeit 원하는 시기에는, ausbuchen 매진되다, e Bestätigung 확인서, e Unterschrift 서명

[3-2] *Lesen Sie ein Telefonat und kreuzen Sie an.*

A: Hotel Consul, guten Tag!

B: Guten Tag. Spreche ich mit dem Empfang?

A: Moment, ich verbinde.

B: Guten Tag!

A: Guten Tag, hier Braun. Ich habe vor zwei Wochen ein Zimmer mit Bad für heute und morgen reserviert. Ich werde aber vier Stunden später als vorgesehen eintreffen.... also gegen 11...

B: Ist in Ordnung. Sie kommen erst heute Abend so um 23 Uhr. Vielen Dank für den Anruf, Frau Braun!

A: Gut, bis dann. Auf Wiedersehen!

B: Wiedersehen!

	richtig	falsch
① Frau Braun reserviert ein Einzelzimmer mit Bad.		
② Sie bittet um Annullierung ihrer Reservierung.		
③ Sie wird zwei Tage bleiben.		
④ Sie kommt einen Tag später.		
⑤ Frau Braun hatte geschrieben, dass sie um 18 Uhr eintrifft.		

<어휘> verbinden (전화를) 연결시키다, r Empfang 프런트, vor zwei Wochen 2주 전에, vorgesehen 예약한, vier Stunden später als vorgesehen 예약한 것보다 4시간 늦게, eintreffen (예정한 때, 장소에) 도착하다, r Anruf 전화통화, e Annullierung 취소, 파기, e Reservierung 예약

[3-3] *Bitte ergänzen Sie.* (Verben)

A: Zimmer 312. (①) Sie mich morgen wecken?

B: Ja, gern. Um wie viel Uhr möchten Sie (②)?

A: Ich habe versucht, Sie mit Bern (③). Es ist leider immer besetzt.

B: Könnten Sie es später bitte nochmal (④)?

A: Kann ich bitte eine Nachricht für Herrn Schobert (⑤)?

B: Ja, bitte!

A: Ich werde ihn heute Abend nochmal (⑥). Er (⑦) bitte im Hotel auf meinen Anruf warten.

<어휘> wecken 깨우다, leider 유감스럽게도, später 나중에, eine Nachricht hinterlassen 메모를 남기다, r Anruf 전화, warten auf A. ...을 기다리다

4. Grammatik

4.1. Imperativ

(1) 형태

약변화 동사	어미가 -men, -nen, -eln, -ern, -ten인 동사	강변화 동사
Kommen Sie? → Kommen Sie! Kommst du? → Komm! Kommt ihr? → Kommt! Kommen wir? → Kommen wir!	Atmen Sie? → Atmen Sie! Atmest du? → Atme! Atmet ihr? → Atmet! Atmen wir? → Kommen wir!	Lesen Sie?→ Lesen Sie! Liest du? → Lies! Lest ihr? → Lest! Lesen wir? → Lesen wir!
gehen, sagen, zeigen, trinken, kaufen, bestellen, warten, . . .	*öffnen, lernen, arbeiten, erinnern, sammeln, wohnen, .*	*nehmen, geben, nehmen, sehen, sprechen, lesen*

<주의>

· Sind Sie? → Seien Sie! ; Bist du? → Sei! ; Seid ihr? → Seid! ; Seien wir? → Seien wir!

· 강변화 동사의 현재인칭변화에서 단수 2인칭과 3인칭의 어간모음이 **e** → **i** 또는 **e** → **ie**로 바뀌는 동사는 단수 2인칭 명령형에서 명령어미 -e가 생략된다.

· du-명령문과 ihr-명령문은 인칭대명사가 없고, Sie-명령문과 wir-명령문은 인칭대명사가 있다.

(2) 용법

• 요청

· Kommen Sie bitte hierher!(이쪽으로 오십시오!)

· Wartet noch ein bisschen! (좀 더 기다려라!)

· Laß uns zu Bett gehen! (자러가자!)

· Laßt uns nach Haus gehen! (집으로 가자!)

• 충고

· Trink nicht so viel Alkohol! (술을 너무 많이 미시지 마라!)

· Setzen Sie sich doch! (좀 앉으세요!)

· Mach sofort das Fenster zu! (당장 창문 닫아!)

• 권유/제안

· Wollen wir etwas Kaltes trinken! [뭐 좀 시원한 걸 마시자!]

· Gehen wir nach Hause! (집으로 갑시다!)

5. Kulturreise

크베들린부르크(Quedlinburg): 로마네스크 양식(Romanik)의 걸작

하르츠 산맥 근처의 가파른 사암절벽에, 구시가지의 건물지붕보다 30미터나 더 높은 곳에 크베들린부르크 성(Schlossberg)이 있다. 여기에는 로마네스크 양식의 성 제르바티(St. Servatii) 재단교회와 르네상스식 성이 있다. 이곳에서 크베들린부르크의 1200개의 목조건물들로 된 아름다운 경치를 만끽할 수 있다. 이 성은 1994년에 유네스코 세계문화유산에 등록되었다.

http://shmf.de

제9장

번역 및 해답 ***

<번역 **2-1**> A: 안녕하세요!
B: 안녕하세요! 내일 6시30분에 깨워주실 수 있습니까?
A: 물론이죠. 성함이 어떻게 되죠?
B: 슈스터입니다. 12호실.
A: 알겠습니다. 그러니까 내일 6시 30분이죠.
B: 예. 감사합니다. 안녕히 계세요!
A: 안녕히 계세요!

<번역 **2-2**> A: 예. 여보세요?
B: 안녕하세요. 내 이름은 그라우어트입니다. 내일 7시 15분에 깨워주면 좋겠는데요.
A: 홋수가 어떻게 됩니까?
B: 216호입니다.
A: 알겠습니다.
B: 그리고 8시에 택시도 호출해주시면 좋겠습니다.
A: 7시 15분에 기상 그리고 8시 정각에 택시. 예. 그렇게 해드리겠습니다.
B: 감사합니다! 안녕히 계세요!
A: 안녕히 계세요!

<번역 **3-1**> A: 마델라이네 호텔입니다!
B: 안녕하세요! 함부르크에서 전화를 겁니다. 4월 21일부터 27까지의 시기에 욕실이 딸린 2인실을 하나 예약하고 싶습니다. 아직 빈 방이 있습니까?
A: 잠깐만요. - 예. 그 시기에 샤워시설이 딸린 2인실이 하나 남아있습니다.
B: 좋아요. 아이용 추가 침대를 방에 설치해주실 수 있나요?
A: 물론이죠. 일반 침대로 아니면 아이용 침대로?
B: 괜찮다면 아이용 침대로. 하루 머무는 데 얼마예요?
A: 조반 포함 2인실에 1200실링입니다. 추가 침대 요금은 220실링입니다.
B: 좋습니다. 지금 그 방을 예약해주시겠습니까?
A: 예. 성함이 어떻게 되죠?
B: 볼프강 베커입니다.
A: 주소와 전화번호는?
B: 뤼베커 가 40번지. 전화는 8937126번입니다.
A: 예. 베커 씨. 그런데 2500실링 상당의 선금이 필수적인데요.
B: 좋아요. 어느 계좌번호로?
A: 첸트랄슈파르카세 비인. 계좌번호는 608243606입니다.
B: 608243606. 가까운 시일 안에 그 금액을 송금해드리고 내가 언제 도착할 것인지를 알려드리겠습니다.
A: 감사합니다! 그러면 서면 확인서를 우리한테서 받게 될 것입니다.
B: 감사합니다. 안녕히 계세요!
A: 안녕히 계세요!

<번역 3-2> A: 콘줄 호텔입니다. 안녕하세요!

B: 안녕하세요. 프런트입니까?

A: 잠깐만요. 연결해드리겠습니다.

B: 안녕하세요!

A: 안녕하세요. 저는 브라운입니다. 2주전에 오늘과 내일용으로 욕실이 딸린 방을 하나 예약하였습니다. 그런데 예정보다 4시간 늦게 도착할 것 같습니다. 그러니까 11시경에...

B: 알겠습니다. 그러니까 오늘 저녁 23시에야 오신다는 거죠. 전화해주셔서 감사합니다. 브라운 부인!

A: 좋습니다. 그럼 안녕히 계세요!

B: 안녕히 계세요!

<번역 3-3> A: 312호입니다. 내일 깨워주실 수 있습니까?

B: 예. 그렇게 하죠. 정각 몇 시에 깨워드릴까요?

A: 당신을 베른 시에 연결시켜드리고자 했습니다. 유감스럽게도 여전히 통화중입니다.

B: 나중에 다시 한 번 전화주시겠어요?

A: 쇼버트 씨에게 메모를 남길 수 있습니까?

B: 예!

A: 오늘 저녁에 다시 한 번 전화하겠음. 그는 호텔에서 내 전화를 기다릴 것.

<해답 3-1> (1) ① ③ ④ (2) Name: Wolfgang Becker, Zimmer: DZ/Du, Preis: 2500,- Schilling, Ankunft: 21.4., Abreise: 27.4., Bemerkung: Kinderbett, Bestellt durch: Wolfgang Becker, Lübecker Straße 40, Hamburg, Tel: 8937126.

<해답 3-2> richtig: ③, falsch: ① ② ④ ⑤

<해답 3-3> ① Können/Könnten/Würden ② geweckt werden ③ zu verbinden ④ probieren/versuchen ⑤ hinterlassen ⑥ anrufen ⑦ möge/möchte

제10장

****

Nachrichten hinterlassen

1. Redemittel

[1] 부재중

Tut mir Leid, Herr Lee ist im Moment nicht da./nicht erreichbar./außer Haus. 죄송합니다. 이 씨는 지금 없습니다./연락이 안 됩니다./출타중입니다.

[2] 되묻기

Wie bitte?/Hallo? 뭐라고 하셨습니까?/여보세요?

Könnten Sie bitte etwas lauter/langsamer/deutlicher sprechen?

- Die Verbindung ist schlecht.

좀 더 크게/천천히/또렷하게 말씀해주시겠습니까?

- 연결 상태가 좋지 않습니다.

Ich kann Sie nur schlecht hören/verstehen.

Ich höre Sie nicht gut.

Ich verstehe Sie sehr schlecht.

Könnten Sie das bitte wiederholen/noch einmal sagen?

잘 못 알아듣겠습니다.

다시 한 번 더 말씀해주시겠습니까?

[4] 메모 남기고 받기

Wollen Sie eine Nachricht hinterlassen?

Soll ich ihm etwas ausrichten?

Kann ich ihr etwas ausrichten/sagen/bestellen?

메모를 남기시겠습니까?

그분에게 전해드릴 말이 있습니까?

Können Sie ihm bitte sagen/ausrichten/bestellen, dass Herr Kim in zehn Minuten ihn wieder anruft?
Sagen Sie ihm bitte, dass Herr Kim in zehn Minuten ihn wieder anruft.
- Ja, gern./Mache ich./In Ordnung.
Richten Sie ihm nur aus, Herr Kim soll bitte zurückrufen. Ich habe die Nummer 0425205334./Meine Telefonnummer ist 0425205334.
- Ja, ich werde ihn gleich informieren/benachrichtigen.

김 씨가 10분 후에 다시 전화한다고 전해주시겠습니까?
- 예. 알겠습니다. 그렇게 하겠습니다.
김 씨에게 응답전화를 해달라고 전해주십시오. 내 전화번호는 0425205334 입니다.
- 예. 그 분에게 즉시 전해드리겠습니다.

[5] 국제전화서비스

Zuerst wählen Sie die internationale Vorwahl. - Dann wählen Sie die Kennzahl für das Land/die Ortsvorwahl/die Vorwahl für die Stadt/die Rufnummer 5205334. - Die Vorwahl für/vor Daejeon ist 42.

먼저 국제 지역번호를 선택하십시오. - 다음으로 국가번호/지역번호/도시번호/전화번호 5205334를 선택하십시오. - 대전 지역번호는 42입니다.

[6] 자동응답기 알림텍스트

(공용) Guten Tag, hier ist das Hotel Youseong. - Wir haben wegen 2 Feiertagen vom ersten Januar bis zum fünften Januar geschlossen. Unsere Kontaktnummer in dieser Zeit ist 0425205330. - Sie können uns gerne *eine Nachricht hinterlassen/ein Fax schicken*. Wir rufen Sie dann zurück. Bitte sprechen Sie nach dem Signalton./Hinterlassen Sie bitte eine Nachricht nach dem *Piepton/Signalton*.

안녕하십니까. 여기는 유성호텔입니다. - 우리는 2일간의 공휴일로 1월 1일부터 5일까지 문을 닫습니다. 이 시간에는 0425205330 번호로 통화하실 수 있습니다. 메모를 남겨주시면 응답전화를 드리겠습니다. 신호음이 울린 다음에 말씀해주십시오/메모를 남겨주십시오.

2. Dialoge

[2-1] *Bitte hören Sie zu.*

A: Hotel Consul, guten Abend!

B: Guten Abend. Hier Weisz. Ich möchte gerne Frau Braun sprechen. Ist sie schon angekommen?

A: Noch nicht. Sie hat aber angerufen, dass sie später kommt.

B: Könnten Sie ihr bitte ausrichten, dass ich sie morgen um 10 Uhr bei mir zu Hause erwarte?

A: Morgen um 10 Uhr bei Frau..., wie war der Name, bitte?

B: Weisz, Wilhelm, Emil, Ida, Siegfried, Zacharias. Meine Adresse hat sie, aber für alle Fälle: Clemensstraße 131.

A: In Ordnung. Ich werde Frau Braun heute Abend benachrichtigen.

B: Dafür wäre ich Ihnen sehr dankbar. Danke schön.

A: Bitte sehr. Auf Wiederhören!

B: Auf Wiederhören!

<어휘> ankommen(s) 도착하다, ausrichten jm. et.^{4} ...에게 ...을 전하다, bei mir zu Hause erwarten 나의 집에서 기다리다, für alle Fälle 하여간, 만일을 위해, benachrichtigen jn. ...에게 알리다, Dafür wäre ich Ihnen sehr dankbar. 그렇게 해주셔서 정말 감사드립니다.

[2-2] *Bitte hören Sie zu.*

A: Jolly Hotel, guten Tag!

B: Guten Tag! Ist Herr Schobert da?

A: Augenblick, bitte! Im Moment ist er im Schwimmbad. Ich soll ihn verständigen. Was kann ich ihm ausrichten?

B: Mein Name ist Breuer. Können Sie ihm bitte sagen, dass ich ihn in einer halben Stunde noch einmal anrufe?

A: Ja, gern.

B: Vielen Dank! Auf Wiederhören!

A: Auf Wiederhören!

<어휘> s Schwimmbad 수영장, verständigen jn. ...에게 알려주다, jm. et.^{4} ausrichten ..에게 ...을 전하다, einen Besuch erwarten 손님을 기다리다, abgeben 제출하다, s Ferngespräch 장거리통화(↔ Ortsgespräch 지역통화), e Vermittlung 전화교환원, zur Verfügung stehen 마음대로 사용할 수 있다, in einer halben Stunde 30분 있다가

[2-3] *der Anrufbeantworter*

Hier spricht der Anrufbeantworter von Jochen Wagner. Guten Tag. Ich bin zur Zeit nicht da. Nach dem Signalton können Sie eine Nachricht hinterlassen oder ein Fax schicken. Oder versuchen Sie, mich unter 0821/964069 zu erreichen. Danke.

<어휘> r Anrufbeantworter 자동응답기, zur Zeit 현재, r Signalton 신호음, eine Nachricht hinterlassen 메모를 남기다, ein Fax schickem 펙스를 보내다, versuchen zu + Inf. ...하기를 시도하다, jn. unter ... erreichen ...의 번호로 누구와 통화하다

3. Praxis

[3-1] *Lesen Sie das Telefongespräch und notieren Sie die Mitteilung.*

A: Jolly Hotel, Felsenstein, guten Tag!

B: Guten Tag! Ich möchte Herrn Schobert sprechen.

A: Augenblick, bitte! Im Moment ist er im Schwimmbad. Er will aber verständigt werden...

B: Ach so!

A: Soll er zurückrufen?

B: Nein...

A: Was kann ich ihm ausrichten?

B: Ja, können Sie ihm bitte sagen. Mein Name ist Breuer. Könnten Sie ihm bitte sagen, ich werde in einer halben Stunde noch einmal anrufen?

A: Ja, gern. Herr Breuer ruft um 18 Uhr 15 wieder an.

B: Ja, vielen Dank. Auf Wiederhören!

A: Auf Wiederhören!

<어휘> zurückrufen 응답전화를 하다, in einer halben Stunde 30분 있다가, 30분 후에, noch einmal 다시 한 번

[3-2] *Wie können Sie anders sagen?*

(1) Entschuldigen Sie, ich habe mich *verwählt.*

(2) *Kann* ich Frau Ebert *sprechen*?

(3) Die Leitung ist *besetzt.*

(4) Tut mir Leid, Herr Hartmann ist nicht *da.*

(5) Kann ich Herrn Seitz etwas *bestellen*?

<어휘> sich verwählen 번호를 잘못 돌리다. e Leitung 전화선, besetzt (전화선이) 통화중인, bestellen 주문하다

4. Grammatik

4.1. 시간

	공용시간	일상시간
7:00	sieben Uhr.	Punkt 7 / genau 7
7:05	sieben Uhr fünf.	5 nach 7.
7:10	sieben Uhr zehn.	10 nach 7.
7:15	sieben Uhr fünfzehn.	Viertel nach 7 / Viertel 8.
7:20	sieben Uhr zwanzig.	20 nach 7 / 10 vor halb 8.
7:25	sieben Uhr fünfundzwanzig.	5 vor halb 8.
7:30	sieben Uhr dreißig.	halb 8.
7:35	sieben Uhr fünfunddreißig.	5 nach halb 8.
7:40	sieben Uhr vierzig.	10 nach halb 8 / 20 vor 8.
7:45	sieben Uhr fünfundvierzig.	Viertel vor 8 / Drei viertel 8
7:50	sieben Uhr fünfzig.	10 vor 8.
7:55	sieben Uhr fünfundfünfzig.	5 vor 8.

4.2. Modalverben: können, müssen, möchten

(1) 형태

인칭대명사	können		müssen		möchten		인칭어미	
	현재형	과거형	현재형	과거형	현재형	과거형	현재	과거
ich	kann	konn**te**	muss	muss**te**	möchte	moch**te**	-	-te
du	kannst	konn**test**	musst	muss**ten**	möchtest	moch**test**	-st	-te**st**
er	kann	konn**te**	muss	muss**te**	möchte	moch**te**	-	-te
wir	können	konn**ten**	müssen	muss**ten**	möchten	moch**ten**	-en	-te**n**
ihr	könnt	konn**tet**	müsst	muss**tet**	möchtet	moch**tet**	-t	-te**t**
sie/Sie	können	konn**ten**	müssen	muss**ten**	möchten	moch**ten**	-en	-te**n**

- 화법조동사는 현재시제에서 단수어간이 변화하며, 일인칭과 삼인칭 단수에 어미가 없다.
- *möchten*(영: **would like to**)은 *mögen*의 접속법 2식(Konjunktiv II) 형태이다.
- 모든 화법조동사는 본동사로 사용될 수 있다.

  Ich mag keinen Kaffee. = Ich trinke nicht gern Kaffee.

  Können Sie Deutsch?

  Ich muss morgen nach Hamburg.

(2) 용법

(가) können

· 능력 : Ich kann schwimmen.

· 가능 : Kannst du heute Abend zu mir kommen?

· 허가 : Sie können/dürfen hier rauchen.

· 추측 : Du kannst echt haben. 네가 맞는 것 같다.
Er könnte der Popsänger gewesen sein. 팝송 가수였던 것 같다.

(나) müssen

· 필연 : Alle Menschen müssen sterben. 인간은 모두 죽기 마련이다.

· 의무 : Meine Tochter braucht mehr zu lernen.
→ Meine Tochter braucht nicht mehr zu lernen.
Samstags *muss* ich spätestens um halb zwölf zu Hause sein.

· 강한 추측 : Er muss krank sein. (틀림없이 아플 거야)

(다) möchten

· 일반 취향(기호) : Ich mag schwimmen. Ich mag kein Sauerkraut.

· 현재 취향(의지, 소원) : Ich möchte fragen. Ich möchte eine Tasse Kaffee.

· 희박한 추측 : Er mag krank sein. 그는 아플지도 몰라.
Du magst recht haben. 네 말이 맞는 것 같아.

· 예의바른 요구나 문의 :
Möchten Sie Kaffee oder Tee?
Ich *möchte*(= *würde, wollte*) fragen, ob Sie morgen früh zu mir kommen.

(라) *nicht/nur brauchen zu* + 부정사: (...할 필요가 없다, ...하기만 하면 된다)

· Du brauchst nicht zu zahlen = Du musst nicht zahlen.

· Du brauchst nur anzurufen = Du musst nur anrufen.

· *brauchen*은 본동사로도 사용된다: Ich brauche keinen Arzt.

5. Kulturreise

라인(Rhein) 강변: 낭만적인 성(Burg)

라인 강은 유럽에서 풍경이 가장 아름다운 하천 중 하나에 속한다. 뤼데스하임(Rüdesheim)과 코블렌츠(Koblenz) 사이에 있는 약 30개의 성과 유적들은 라인란트 지방의 역사를 떠올리게 한다. 라인 강을 유람하면서 이들을 바라보는 것이 가장 목가적이다. 로렐라이 언덕도 이 근처에 있다. 상부 중부라인계곡(Obere Mittelrheintal)은 2002년에 유네스코 세계문화유산에 등록되었다.

http://rheinfeuerwerk.de

제10장

번역 및 해답 ***

<번역 **2-1**> A: 콘줄 호텔입니다. 안녕하세요!
B: 안녕하세요. 제 이름은 바이츠입니다. 브라운 부인과 통화를 하고 싶습니다. 이미 도착했습니까?
A: 아직 도착하지 않았습니다. 늦겠다고 전화를 했습니다.
B: 내일 10시에 저의 집에서 기다리겠다고 전해주실 수 있겠습니까?
A: 내일 10시 ...부인 댁에서. 성함에 어떻게 되지요?
B: 바이츠입니다. 저의 주소는 그녀가 가지고 있습니다. 하지만 만일을 위해 알래드리겠습니다: 클레멘스 가 131번지.
A. 됐습니다. 브라운 부인에게 오늘 저녁에 알려드리겠습니다.
B: 정말 감사합니다.
A: 천만에요. 안녕히 계세요!
B: 안녕히 계세요!

<번역 **2-2**> A: 욜리 호텔입니다. 안녕하세요!
B: 안녕하세요! 쇼버트 씨 계십니까?
A: 잠깐만요! 지금 그 분은 수영장에 게십니다. 그 분에게 알려드리겠습니다. 그 분에게 무엇을 전하면 되죠?
B: 내 이름은 브로이어입니다. 30분 있다가 다시 전화를 한다고 전해주시겠습니까?
A: 예. 알겠습니다.
B: 감사합니다. 안녕히 계세요!
A: 안녕히 계세요!

<번역 **2-3**> 여기는 요헨 바그너의 자동응답기입니다. 안녕하십니까. 지금은 출타중입니다. 신호음이 난 후에 메모를 남겨주시거나 팩스를 보내주십시오. 아니면 0821/964069 번호로 저에게 연락을 해주십시오. 감사합니다.

<번역 **3-1**> A: 욜리 호텔입니다. 펠젠슈타인입니다. 안녕하세요!
B: 안녕하세요! 쇼버트 씨와 통화를 하고 싶습니다.
A: 잠깐만요! 지금 그 분은 수영장에 게십니다. 메모를 남겨달라고 하던데요.
B: 아 그래요!
A: 전화 드리라고 할까요?
B: 아닙니다....
A: 그분에게 무엇을 전해드리면 될까요?
B: 예. 그분에게 전해주십시오. 내 이름은 브로이어입니다. 30분 있다가 다시 전화를 하겠다고 전해주시겠어요?
A: 예. 알겠습니다. 브로이어 씨가 18시 15분에 다시 전화함.
B: 예. 감사합니다. 안녕히 계세요!
A: 안녕히 계세요!

<번역 **3-2**> (1) 죄송합니다. 전화를 잘 못 걸었습니다! (2) 에버트 씨와 통화할 수 있나요? (3) 통화중입니다. (4) 죄송합니다. 하르트만 씨는 부재중입니다. (5) 자이츠 씨에게 뭐 좀 주문해도 되나요?

<해답 **3-1**> Herr Breuer ruft Herrn Schobert um 18.15 Uhr wieder an.

<해답 **3-2**> 앞의 기본구문을 참조하여 각자 해답을 찾아보기

제11장

****

Shopping

1. Redemittel

[1] 상점찾기

In welchem Stock findet man die Herrenbekleidung?
- Das ist im 2. Stock.
- Wo ist der Lift/die Rolltreppe/die Kasse?
- Am Ende des Ganges rechts.

남성복매장은 몇 층이죠?
- 2층(우리의 3층)입니다.
- 엘리베이터/에스컬레이터/계산대는 어디 있죠?
- 모퉁이를 돌아가면 있어요.

Haben Sie Sonderangebote?/Ist es im Sonderangebot? - Nein.

세일 하나요?/이거 세일중인가요? - 아뇨.

[2] 기념품구입

Wo ist der Souvenirladen? 기념품매장이 어디 있죠?
Ich schaue mich nur um, danke. 그냥 구경하는 겁니다.
Ich suche volkstümliche Sachen/Schlüsselanhänger.

민속공예품/열쇠고리를 찾습니다.

Ich möchte Kosmetika kaufen. 화장품를 사려고 하는데요.
Ich bin ein trockener/fettiger/gemischter/sensibler Hauttyp.

저의 피부타입은 건성/지성/복합성/민감성입니다.

Können Sie es bitte als Geschenk vepacken?

선물용으로 포장해 주시겠어요?

Ist es echt oder eine Imitation? 이거 진짜예요 아님 모조품입니까?
Welche Größe haben Sie? 사이즈는 몇입니까?
- Klein/Medium/groß/ganz groß. 스몰/미디엄/라지/엑스라지입니다.

Es steht Ihnen gut. 잘 어울리네요.
Es ist etwas eng/locker/groß/kurz. 약간 끼네요/헐렁하네요/크네요/작네요.
Es ist genau meine Größe. 딱 내 사이즈네요.
Haben Sie nichts Größeres/Kleineres von diesem?
이거 더 큰/작은 사이드는 없나요?
Aus was ist das? 소재가 뭐죠?
- Aus Baumwolle/Seide/Kunsstoff/Leder/Schurwolle.
- 면/실크/화학섬유/가죽/모입니다.
Wie wird es gewaschen? 세탁은 어떻게 하죠?
- Mit der Hand./Waschmaschine/chemischen Reinigung.
- 손빨래/세탁기빨래/드라이크리닝 하세요.

Haben Sie dieses auch in rot? 이것으로 빨간색 있나요?
Haben Sie auch andere Farben? 다른 색상도 있나요?
Welches Design ist jetzt in? 지금 어떤 디자인이 유행하죠?
Was für ein Stein ist das? 이건 무슨 보석이죠?
- Das ist ein Diamant/Smaragd/Saphir/Rubin.
- 다이아몬드/에메랄드/사파이어/루비입니다.

[3] 교환이나 환불하기
Kann ich es bitte umtauschen? 이거 다른 것으로 교환할 수 있나요?
- Warum denn? 왜 그러시죠?
- Die Größe ist leider nicht die richtige. 크기가 안 맞아요.
- Hier gibt es einen Fehler./einen Riss/einen Kratzer/einen Fleck.
- 여기 결함/터짐/긁힘/얼룩이 있어요.

Ich möchte es zurückgeben./Ich möchte die Rückerstattung.
반품하고 싶어요./환불하고 싶어요.
Kann ich Ihre Quittung sehen? 영수증 좀 보여주시겠어요?
Es tut mir Leid. Das kann ich Ihnen nicht zurückerstatten.
죄송하지만, 이건 환불불가 품목입니다.

2. Dialoge

[3-1] *Bitte hören Sie zu.*

Saleslady	Was darf es sein?
Customer 1	Eine Tasse Kaffee, bitte.
Saleslady	Ein Euro und fünfzig.
Customer 1	Bitte sehr.
Saleslady	Was darf es sein?
Customer 2	Ich möchte ein Pfund Kaffee, bitte
Saleslady	Welchen?
Customer 2	Hm, Gala, bitte.
Saleslady	Gemahlen?
Customer 2	Nein, danke.
Saleslady	Sonst noch etwas?
Customer 2	Nein, danke. Was macht das?
Saleslady	Sechs Euro und neunzig.
Customer 2	Danke, auf Wiedersehen.
Saleslady	Auf Wiedersehen.
Saleslady	Was darf es sein?
Nico	Äh ... äh ...
Saleslady	Junger Mann, es warten andere Leute. Was soll es sein?
Nico	Ich ... möchte ein Pfund Kaffee, bitte.
Saleslady	Welchen?
Nico	...
Saleslady	Nehmen Sie die "Feine Milde". Die ist im Angebot. Gemahlen?
Nico	Ja, bitte, gemahlen.
Saleslady	Sonst noch etwas?
Nico	Nein, danke. Das ... ist alles. Was macht das?
Saleslady	Sieben Euro und fünfundneunzig.

<어휘> die Tasse (커피) 잔, das Pfund 파운드, welcher = which 어느, gemahlen 빻은, 가루로 만든(ground), warten 기다리다, das Hemd 셔츠, gefallen jm. 누구의 마음에 들다, die Tafel (여기서는) 안내판(storeguide),

[3-2] *Bitte hören Sie zu.*

Anna: Also, los, was willst du kaufen?

Nico: Ein schönes Hemd.

Anna: Dann fangen wir damit an. Die Herren-Abteilung ist ja hier im Erdgeschoss. Komm!

Anna: Schau mal, wie gefällt dir das?

Nico: Das gefällt mir gut, aber schau mal - das gefällt mir besser.

Anna: Das ist aber sehr teuer. Hey, guck 'mal, hier sind Sonderangebote! Diese Hemden sind billiger. Wie gefallen sie dir?

Nico: Die gefallen mir.

Anna: Welche Grösse hast du?

Nico: ... neununddreißig.

Anna: Bravo, Nico. Wie ist es mit diesem?

Nico: Hm, dieses Hemd gefällt mir. Das nehme ich.

Assistant: Zweiundvierzig Euro, bitte. Danke. Einhundert, dreiundvierzig, vierundvierzig, fünfundvierzig, fünfzig, einhundert Euro - und Ihr Kassenbon.

Nico: Danke.

Anna: Und nun?

Nico: CDs.

Anna: Ich weiß nicht, wo die sind. Wir müssen auf die Tafel schauen.

<어휘> die Herren-Abteilung 남성복코너, das Sonderangebot 특가상품, der Kassenbon (자동등록기) 영수증(receipt)

3. Praxis

[3-1] *Lesen Sie den Dialog und beantworten Sie die Fragen!*

Das ist der Laden von Herrn Denktasch. Hier kann man viel kaufen: Brot und Brötchen, Butter, Käse, Wurst, Obst und Gemüse. Außerdem bekommt man Zeitungen, Getränke, Zahnpasta und vieles mehr.

Herr Denktasch: Guten Tag, Frau Berger. Was bekommen Sie bitte?
Frau Berger: Ich möchte zehn Brötchen, bitte.
Herr Denktasch: Sonst noch etwas?
Frau Berger: Was kosten die Tomaten?
Herr Denktasch: Ein Kilo 2,80 Euro. Sie sind ganz frisch. Sonst noch etwas?
Frau Berger: Wie teuer ist denn der Riesling?
Herr Denktasch: Der kostet 7,90 Euro.
Frau Berger: Dann nehme ich zwei Flaschen, bitte.
Herr Denktasch: Ist das alles?
Frau Berger: Ja, das ist alles.
Herr Denktasch: So, das macht zusammen 22,70 Euro .... 25 Euro. 2,30 Euro zurück.
Frau Berger: Auf Wiedersehen, Herr Denktasch.
Herr Denktasch: Auf Wiedersehen, Frau Berger und noch einen schönen Tag.

(a) Wie viele Brötchen kauft Frau Berger?
(b) Wie viel kosten die Tomaten?
(c) Was für Wein kauft sie?
(d) Wie viel bezahlt sie?

<어휘> ankommen(s) 도착하다, ausrichten jm. et.4 ...에게 ...을 전하다, bei mir zu Hause erwarten 나의 집에서 기다리다, benachrichtigen jn. ...에게 알리다, Dafür wäre ich Ihnen sehr dankbar. 그렇게 해주셔서 매우 감사드립니다.

4. Grammatik

4.1. Fragepronomen *welche(r/s)*

단수	1격	4격	3격
남성	welcher? → der	welchen? → den	welchem? → dem
여성	welche? → die	welche? → die	welcher? → der
중성	welches? → das	welches? → das	welchem? → dem
복수	welche? → die	welche? → die	welchen? → den
남성	was für ein? → ein	was für einen? → einen	was für einem? → einem
여성	was für eine? → eine	was für eine? → eine	was für einer? → einer
중성	was für ein? → ein	was für ein? → ein	was für einem? → dem
복수	was für - ? → -	was für - ? → -	welchen? → den

- **welch-**(= which): '어느, 어떤'의 의미로 사용되고, 정관사 어미변화를 따른다.
- **was für ein-**? (what kind of): 사람과 사물에 '어떤 종류의'라는 의미로 사용되며, 뒤따르는 명사의 성과 격에 따라 **ein-**이 어미변화를 한다.

· 질문: ***welcher?*** → 대답: ***der*** (정관사)

Welches Foto? → Das griechische Foto.

Welche Fotos? → Die griechischen Fotos.

· Welch*en* nimmst du? - Welch*en* möchtest du?

(예, der Sport, das Hobby, die Musik)

→ Ich nehme / möchte d*en* Taschenrechner da.

· Welche deutsche Feste kennst du?

- Weihnachten, Sylvester, Neujahr, Ostern, Fasching.

· 질문: ***was für ein*** → 대답: ***ein*** (부정관사)

Was für eine Geschichte? → Eine amüsante Geschichte.

Ich kaufe ein Auto. - Was für eins? - Einen Sportwagen.

· 질문: ***was für + Plural*** → 대답: **–** (관사 없음)

Was für Geschichten? → Amüsante Geschichten.

Was für Wein trinken Sie? → Ich trinke Rotwein.

Ich möchte gern Bücher lesen. - Was für welche? - Romane.

5. Kulturreise

'비즌(Wiesn)': 거대한 맥주축제마당

옥토버페스트(Oktoberfest). 뮌헨에서 열리는 세계적인 맥주축제 한마당이다. 뮌헨 사람들은 이 축제를 "Wiesn"이라 부른다. 매년 축제마당, 관악, 맥주가 약 6백만 명의 여행객들과 어우러진다. 세계최대의 10월 축제라 일컫는 옥토버페스트이지만 시작은 9월부터임을 명심하자.

http://www.oktoberfest.de

제11장

번역 및 해답 ***

<번역 **2-1**> Saleslady Can I help you?
Customer 1 A cup of coffee, please.
Saleslady That's one mark fifty.
Customer 1 There you are.
Saleslady Can I help you?
Customer 2 I'd like a pound of coffee, please.
Saleslady Which kind?
Customer 2 Ah, Gala, please.
Saleslady Ground?
Customer 2 No, thank you.
Saleslady Anything else?
Customer 2 No, thank you. How much is that?
Saleslady Six Euro ninety.
Customer 2 Thanks, good bye.
Saleslady Good bye.
Saleslady Can I help you?
Nico Ah ... ah ...
Saleslady Young man, there are other people waiting. What's it gonna be?
Nico I'd like a pound of coffee, please.
Saleslady Which kind?
Nico ...
Saleslady Take the "Feine Milde". It's on offer. Ground?

<번역 **2-2**> Nico Yes, please, ground.
Saleslady Anything else?
Nico No, thanks, that's all. How much is that?
Saleslady Seven Euro fifty. Anna and Nico go shopping to the department store. *Nico buys a shirt with a little advice from Anna.*
Anna Come on, let's go. What do you want to buy?
Nico A nice shirt
Anna Let's start with that then. The men's clothing department is on the ground floor. Come on!
Anna Have a look, how do you like this one?
Nico I like it, but look - I like that one better.
Anna But that's very expensive. Look here, there are special offers! These shirts are cheaper. How do you like them?
Nico I like them.
Anna What size are you?
Nico ... thirty nine.
Anna Well done, Nico. What about this one?
Nico Hm, I like this shirt. I'll take it.

Assistant	Forty two Euro, please. Thank you. One hundred, forty-three, forty-four, forty-five, fifty, one hundred - and your receipt
Nico	Thank you.
Anna	And now?
Nico	CDs.
Anna	I don't know where they are. We must look at the store guide.

<해답 3-1> 생략

제12장

****

Kulturelle Angebote

1. Redemittel

[1] 볼거리추천

Ich möchte eine Bustour machen. Wo fährt der Bus ab?

관광버스투어를 하고 싶어요. 어디서 출발하나요?

- Sie könnten zum Beispiel das Museum besuchen./Sie sollten einmal das Museum besichtigen.

박물관을 방문할 수 있을 것입니다./박물관을 한 번 볼만 합니다.

Der Ort ist historisch/kulturell sehr interessant.

저 곳은 역사적/문화적으로 아주 흥미로운 곳입니다.

Gehen Sie unbedingt nach Salzkammergut. Es lohnt sich.

꼭 잘츠카머굿으로 가보십시오. 볼 만합니다.

Da gibt es viel zu sehen.(= Da gibt es viel Sehenswürdigkeiten.)

거기에는 볼 것이 많습니다.

[2] 관광지에서

Wo kann man das Ticket kaufen?	표는 어디서 살 수 있죠?
Zwei Erwachsene, bitte.	성인 2장 주세요.
Gibt es keine Ermäßigung?	할인은 없나요?

Wann machen Sie auf? - Wann schließen Sie?/Wie lange machen Sie auf?

Können Sie mich fotografieren, bitte? - Nur diesen Knopf drücken.

몇 시에 개관하죠? - 몇 시에 폐관하죠?/몇 시까지 하죠?

사진 좀 찍어주시겠어요? 이 버튼만 누르면 돼요.

[3] 유람여행서비스

Von unserem Treffpunkt fahren wir über Salzburg nach Innsbruck.
우리들의 집합장소로부터 잘츠부르크를 거쳐 인스브루크로 갑니다.

Nach der Zimmerverteilung haben Sie Gelegenheit zur Wanderung.
방 배정 후에 산책할 기회가 있습니다.

Nach dem Frühstück besichtigen Sie Schloss Schönbrunn.
아침식사 후에 여러분은 쉔브룬 궁전을 구경합니다.

Am frühen Morgen verlassen wir Wien und gelangen nach Salzburg.
이른 아침에 우리는 빈을 떠나서 잘츠부르크에 도착합니다.

Am heutigen Tag machen wir einen Abstecher nach Salzburg.
오늘 낮에 우리는 (예정에 없이) 잘츠부르크에 들립니다.

Der heutige Tag steht zu Ihrer freien Verfügung.
오늘 낮에는 자유시간입니다.

Auf Wunsch gibt es ....(Führungen in deutscher Sprache).
희망에 따라 ... (독일어 안내)가 있습니다.

Auf gleichem Wege fahren wir nach Wien zurück.
같은 길로 우리는 비엔나로 돌아갑니다.

2. Dialoge

[2-1] *Bitte hören Sie zu.*

A: Guten Tag, ich möchte auch die Umgebung von Wien kennen lernen. Könnten Sie mir etwas empfehlen?

B: Da haben wir die Fahrt nach Mayerling. Die dauert ungefähr vier Stunden. Sie könnten um 9 Uhr 30 abfahren. Sie hätten da die Möglichkeit, den Wienerwald, das Jagdschloss Mayerling, das Stift Heiligenkreuz und die Seegrotte Europas kennen lernen.

A: Ja, das wäre schön. Wie viel kostet die Fahrt denn?

B: 260 Schilling.

A: Haben wir da auch eine Führung?

B: Ja, die ist vorgesehen und im Preis inbegriffen.

A: Ich würde dann sofort drei Karten für morgen um halb zehn bestellen.

B: Ja, bitte.

A: Von wo geht die Tour ab?

B: Hier vorne ist die zentrale Abfahrtstelle.

(1) Wo findet der Dialog statt? Kreuzen Sie an.

① im Hotel

② am Fahrkartenschalter

③ im Verkehrsverein

(2) Welche Rundfahrt wird empfohlen?

<어휘> e Umgebung 근교, 주위, empfehlen jm. et.4 ...에게 ...을 추천하다, ungefähr 대략, vier Stunden 4시간동안(4격 명사구로서 시간부사어), die Fahrt nach Mayerling 마이어링 기념 예배당 여행(참고: Meyerling은 비엔나 근교에 있는 기념 예배당인데, 옛날에는 사냥용 별장이었음), r Wienerwald 비엔나발트 지역, s Stift 종교재단, 수도회, e Seegrotte 호수동굴, kennen lernen 알게되다, e Führung 안내, vorsehen 예정하다, im Preis inbegriffen 가격에 포함된, abgehen=abfahren 출발하다, e Abfahrtstelle 출발장소, r Fahrkartenschalter 승차권 (판매)창구, r Verkehrsverein 관광협회

3. Praxis

[3-1] *Lesen Sie das Programm einer Wiener-Rundfahrt.*

Große Stadtrundfahrt mit Schloss Schönbrunn und Belvedere

1 Tour

Tägl. 9.30 Uhr, 10.30 Uhr und 14.30 Uhr
Dauer ca. 3 Stunden

Gewinnen Sie einen umfassenden Eindruck von den historisch bedeutendsten Sehenswürdigkeiten Wiens. Wir führen Sie über die Ringstraße mit ihren Prachtbauten, wie der Staatsoper, dem Kunst- und Naturhistorischen Museum, dem Maria-Theresien-Denkmal, dem Parlament, dem Rathaus, dem Burgtheater, der Universität und Denkmälern berühmter Komponisten, Dichter und Künstler, zur Hofburg, der ehemaligen kaiserlichen Winterresidenz, heute das größte internationale Kongresszentrum der Stadt Wien. Als Höhepunkt erleben Sie die Führung durch einige Prunkräume des Schlosses Schönbrunn, die die ruhmvolle Vergangenheit der Habsburger widerspiegeln. Bei Schönwetter zeigen wir Ihnen im Rahmen eines Spazierganges auch den berühmten Schlosspark. Anschließend bringt Sie unser Bus zum Belvedere, dem Sommerschloss des Prinzen Eugen, von dessen französischen Gärten Sie den Blick über die Wiener Innenstadt genießen. Gegen Ende der Tour führen wir Sie vorbei an der Karlskirche – der schönsten Barockkirche Wiens –, dem Musikverein (Wiener Philharmoniker) zur Oper, wo die Tour endet.

(1) Tragen Sie passende Begriffe aus dem Text in die Liste ein!

Mahlzeiten	Verkehrsmittel	Verkehrswege	Urlaubsprogramm

(2) Übersetzen Sie den ganzen Text ins Koreanische und versuchen Sie, ein Tour-Programm einer Seoul-Rundfahrt zu schreiben!

<어휘> e Stadtrundfahrt 시내유람관광, Schloss Schönbrunn 쉔브룬 성, umfassender Eindruck 폭넓은 인상, e Sehenswürdigkeit 구경거리, e Ringstraße 순환도로, r Prachtbau 호화 건축물, das naturhistorische Museum 자연사박물관, s Burgtheater 비엔나 국립극장, r Prunkraum 화려한 방, ruhmvoll 영광스러운, widerspiegeln 반사하다, 드리워져 있다, beim Schönwetter 날씨가 좋을 때에는, r Musikverein 음악클럽, s Tour-Programm 관광 프로그램

[3-2] *Übersetzen Sie den Text ins Koreanische.*

Spanische Reitschule – Stephansdom – Altstadt

Tour 2

Von Di. bis Sa. tägl. 9.30 Uhr – Dauer ca. 3 Stunden
An Tagen, an denen die Spanische Reitschule geschlossen ist, findet die Tour nicht statt.
Mit speziell für Sie ausgesuchten Sehenswürdigkeiten und einem kleinen Spaziergang in der Altstadt entdecken Sie einige Kostbarkeiten Wiens. Bei einem Rundgang mit unserem Fremdenführer im Stephansdom, als „Steffl" das Wahrzeichen Wiens, wird für Sie die mehr als tausendjährige Geschichte unserer Stadt wieder lebendig. Dieser Ausflug führt Sie durch die verschiedenen Epochen vom Mittelalter bis zur Gegenwart. Einer der vielen Schätze Wiens ist die Spanische Reitschule, wo Sie in der barocken Reithalle das Training der weltberühmten Lipizzaner sehen. Hier wird noch mit viel Liebe die Tradition der Hohen Schule gepflegt. Mit der Besichtigung des Prunksaales der weltberühmten Nationalbibliothek und einer Rundfahrt, die Sie zu weiteren markanten Punkten Wiens wie Justizpalast, Messepalast, Secession, Karlsplatz mit Karlskirche, Musikverein (Wiener Philharmoniker), Schwarzenbergplatz mit Hochstrahlbrunnen und Soldatendenkmal, Kärntner Ring bringt, beschließen Sie diese Vormittagstour, die bei der Oper endet. In den Sommermonaten abgeändertes Programm.

<어휘> e Reitschule 승마학교, aussuchen 선발하다(→ ausgesucht 선별된), e Altstadt 구시가지, entdecken 발견하다, e Kostbarkeit (Pl.) 귀중품, 보석류, r Rundgang 순회, 한 바퀴 돌기, r Fremdenführer 여행안내자, 여행안내서, s Wahrzeichen (특히 한 도시의) 상징(물), wieder lebendig werden 소생하다, r Schatz 보물, (천연)자원, e Reithalle 승마홀, weltberühmt 세계적으로 유명한, r Lipizzaner 리피찬산 순종백마, e Besichtigung 구경, 관람, r Prunksaal (궁전의) 화려한 홀, e Nationalbibliothek 국립도서관, markant 인상적인, 뛰어난, r Justizpalast 법정, s Soldatendenkmal 국군(전몰장병)기념탑, beschließen 끝내다, 종결하다, stattfinden 개최되다

4. Grammatik

4.1. Richtungsweisende Präpositionen *in/an/auf /nach*

• Wohin fährst du in den Ferien?

성 · 수 / 방향 전치사	Singular			Plural
	Maskulinum	Neutrum	Femininum	
장소: **in**(안)	*in den* Schwarzwald Harz Dschungel Himalaja	*ins* (= *in das*) Ruhrgebiet Fichtelgebirge	*in die* Eifel Sahara Schweiz Türkei	*in die* Alpen Berge Anden USA
밀착된 상태: **an**(가)	*an den* Rhein Bodensee Main Amazonas	*ans* Meer Mittelmeer	*an die* Donau Elbe Nordsee Ostsee	*an die* Plitvicer Seen
밀착된 상태: **auf**(위)	*auf den* Feldberg Brocken Kölner Dom	*aufs* (= *auf das*) Nebelhorn Land	*auf die* Zugspitze Frauenkirche Insel Mainau	*auf die* Seychellen Malediven

• 방향(장소의 이동):

nach(쪽)+지명/국명/방위 → nach Hamburg, Österreich, Deutschland, Korea, Norden. (국명: 중성)

zu(쪽) + 사람/건물/장소 → zu meinem Onkel, zu ihm, zur Post.

in(안) + 장소/국명 → in die Schule, in die Stadt, ins Kino, ins Theater, ...
in die Schweiz/in den USA. (국명: 여성 또는 복수)

• 상태(장소):

· Wo ist / liegt Hamburg? - *Im* Norden, Osten, Süden, Westen.

· Was ist im Westen? - Der Rhein.

* 강 이름은 성(Genus)이 대개 여성이며(예, die Mosel, Oder, Weser), 남성도 있음 (der Rhein, Neckar)

5. Kulturreise

모젤(Mosel) 강변의 포도원

포도원(Weingarten, 와인 경작지)이 9월의 햇살에 무르익어간다. 모젤 강변의 고대문화유적지를 따라 포도가 익어가고 있다. 로마인들이 처음 이곳에 포도나무를 가져와서 경작하기 시작하였다. 독일은 13곳의 와인경작지대가 있는데, 가장 북쪽에 위치한 와인지대에 속한다. 국제적으로 성공한 것은 리슬링 와인(der Riesling)이다.

http://trier.de

제12장

번역 및 해답 **

<번역 **2-1**> A: 안녕하세요. 비엔나 근교도 알아보고 싶습니다. 추천해주실 만한 것이 있습니까?

B: 마이어링 여행이 있습니다. 그 여행은 약 4시간 가량 계속됩니다. 거기서 비너발트, 마이어링 성, 하일리겐크로이츠 수도회 그리고 유럽 호수동굴을 배울 기회가 있을 것입니다.

A: 예. 멋있겠어요. 여행은 값이 얼마나 됩니까?

B: 260 실링입니다.

A: 안내도 있습니까?

B: 예. 안내가 예정되어 있고 가격에 포함되어 있습니다.

A: 그럼 당장 내일 9시 30분용 승차권을 주문하겠습니다.

B: 예. 알겠습니다.

A: 여행은 어디서부터 출발합니까?

B: 여기 앞에 중앙 출발장소가 있습니다.

<해답 **2-1**> (1) ③ (2) Wienerwald-Meyerling-Heiligenkreuz-Seegrotte

<번역 **3-1**> 쉔브룬 성과 벨베데레 성을 포함한 대형 시내유람관광

매일 9시30분, 10시30분, 14시30분

소요시간: 약 3시간

역사적으로 가장 중요한 비엔나의 명소들에 관한 폭넓은 감명을 받으십시오. 우리는 여러분들을 순환도로를 거쳐 국립 오페라 극장, 예술사 박물관과 자연사 박물관, 마리아-테레사 기념비, 국회, 시청, 비엔나 국립극장, 대학교와 유명한 작곡가, 작가 그리고 예술가들의 기념비들, 호프부르크, 즉 옛 황제 겨울관저이자 오늘날 비엔나 시의 가장 큰 회의센터 같은 화려한 건축물들로 안내하겠습니다. 여행의 정점으로서 여러분은 합스부르크 가문의 영광스런 과거가 드리워진 쉔브룬 성의 몇몇 호화 공간들을 안내 받을 것입니다. 날씨가 좋으면 산보하면서 유명한 성의 공원을 보여드리겠습니다. 이어서 우리 버스가 여러분을 벨베데레 성, 곧 오이겐 왕자의 여름 성으로 모실 것입니다. 그 성의 프랑스식 정원에서부터 비엔나 시내의 풍경을 만끽하실 것입니다. 여행의 막바지에는 여러분들을 칼교회 - 비엔나에서 가장 아름다운 바로크 교회 -, 음악클럽(비엔나 필하모니)을 지나 관광이 끝나는 오페라 극장으로 안내할 것입니다.

<번역 **3-2**> 스페인 승마학교 - 슈테판 성당 - 구 시가지

화요일부터 토요일까지 매일 9시30분 - 소요시간: 3시간 정도

스페인 승마학교가 문을 닫는 날에는 관광이 없습니다.

특별히 여러분들을 위해 엄선한 명소들과 구 시가지에서의 간단한 산책으로 여러분은 비엔나의 몇 가지 귀중한 것들을 발견하실 겁니다. 비엔나의 상징으로서 "슈테플"이라고 불리는 슈테판 성당에서 우리의 여행 안내자와 순회할 때에는 여러분에게 천년 이상이나 되는 우리 도시의 역사가 소생할 것입니다. 이 소풍은 중세부터 현대에 이르기

까지 다양한 시대로 여러분을 안내할 것입니다. 비엔나의 여러 보물들 중 하나가 스페인 승마학교입니다. 여러분은 이곳 바로크 양식의 승마 홀에서 세계적으로 유명한 리피찬산 순종백마의 훈련을 구경하실 겁니다. 여기에서는 아직도 정성스럽게 고등교육의 전통이 장려되고 있습니다. 세계적으로 유명한 국립도서관의 화려한 홀을 구경하고 그리고 법원, 박람회장, 제센토(Secento)기의 예술(Secession), 칼교회가 있는 칼 광장, 음악클럽(비인 필하모니), 공중분사분수와 전몰장병기념비가 있는 슈바르첸베르크 광장, 케른텐 순환도로 같은 비엔나의 명소들로 통하는 유람관광을 하면서 여러분은 오페라 극장에서 끝나는 이번 오전 관광을 마치게 됩니다. 여름철에는 프로그램이 바뀜.

제13장

****

Karten vermitteln

1. Redemittel

[1] 입장권서비스

Für welche Vorstellung?/Für welches Theater?/Für wann?
어느 공연용으로?/어느 극장용으로?/언제?

Möchten Sie lieber Parkett oder Loge? 특별석을 아니면 일등석을 원하세요?

In welcher Reihe? 어느 줄을 원하십니까?

Möchten Sie die Plätze nebeneinander? 좌석을 나란히 원하십니까?

In der Loge/Im Parkett kostet eine Karte 10 Euro.
일등석/특별석 입장권은 값이 10 유로입니다.

Die Karten bekommen Sie an der Theaterkasse kurz vor Vorstellungsbeginn.
입장권은 극장 매표소에서 공연시작 직전에 받게 됩니다.

[2] 렌터카서비스

Was für ein Auto möchten Sie? 어떤 종류의 자동차를 원하십니까?

Welchen Fahrzeugtyp/Welche Ausstattung möchten Sie?
어떤 차종/장치를 원하십니까?

Hier ist der Katalog mit Preisliste. 여기에 가격표가 있는 목록이 있습니다.

Wann brauchen Sie den Wagen? 자동차는 언제 필요하십니까?

Um wie viel Uhr werden Sie den Wagen abholen?
정각 몇 시에 자동차를 가지러 오실 거죠?

Für wie lange möchten Sie den Wagen mieten?
자동차를 얼마 동안 빌리겠습니까?

Dieser Typ hat Klimaanlage/Elektronische Fensterheber.
verriegelung/Servolenkung/Schiebdach/ABS/Airbag.
이 유형은 냉난방장치/전자식 창문개폐장치/중앙차단장치/파워스티어링/개폐식 지붕/ABS(Antiblockierungssystem)/에어백가 있습니다.

2. Praxis

[2-1] *Theaterkarten bestellen*

A: Guten Tag. Kann ich bei Ihnen Theaterkarten bestellen?

B: Ja, natürlich! Für welche Vorstellung?

A: Ich möchte vier Karten für die "Lustige Witwe' für morgen Abend.

B: In der Staatsoper also. Möchten Sie lieber Parkett oder Loge?

A: Parkett, wenn möglich, in den ersten Reihen und nebeneinander.

B: Ich werde es versuchen. Ihr Name, bitte?

A: Leonard.

B: Ich sage Ihnen heute Abend noch Bescheid, Herr Leonard.

A: Ja, bitte. Vielen Dank.

<어휘> e Theaterkarte 극장 입장권, 관람권, s Parkett 일층 앞쪽 관람석(일등석), e Loge 특별석, anrufen jn. ...에게 전화하다, beim Theater anrufen 극장에서 전화를 하다

[2-2] *Wagen mieten*(http://www.mietwagen.de)

A: Entschuldigung. Kann ich bei Ihnen einen Wagen mieten?

B: Selbstverständlich! Was für ein Auto möchten Sie? Hier ist unser Angebot mit Preisliste.

A: Danke. ... Ich hätte gern den BMW, mit Klimaanlage.

B: Wann brauchen Sie denn den Wagen?

A: Übermorgen früh.

(1) Was für ein Auto hat der Gast gemietet?

(2) Ab wann braucht er das Auto?

<어휘> einen Wagen mieten 차를 빌리다(임대하다), s Angebot 상품, 물품, e Preisliste 가격표, e Klimaanlage 냉난방 장치

3. Praxis

[3-1] *Setzen Sie die richtige Praposition ein.*

Auf, Seit, am, auf, aus, für, im, in, mit, nach, um, unter

(①) vielen Jahren machen wir (②) Gardasee Urlaub. Der See liegt (③) Italien, aber die meisten Touristen kommen (④) Deutschland. Wie kommen sie (⑤) Italien? Sehr oft natürlich (⑥) dem Auto: Am schnellsten geht es (⑦) der Autobahn. Und was kann man dann am Gardasee machen? (⑧) einen Berg steigen, (⑨) den See wandern (nur (⑩) Sportler!) oder aber einfach (⑪) Palmen (⑫)Café sitzen und nichts tun!

<어휘> r Tourist 여행객, am schnellsten 'schnell(빠른)'의 최상급, auf einen Berg steigen 등산하다, um den See wandern 호수 주변을 산책하다, e Palme 종려, 야자나무

[3-2] *Ergänzen Sie den folgenden Text.*

Herr Leonhard bittet den Portier um (①) von (②). Er möchte vier (③) für die (④) für den (⑤) Abend reservieren. Die Plätze sollen im (⑥) sein, möglichst in den ersten (⑦) und nebeneinander. Der Portier (⑧) die Theaterkasse an und (⑨) die Karten. Am Abend sagt er dem Gast (⑩). Er hätte vier Plätze in der (⑪) und fragt den (⑫), ob er daran (⑬) ist. Herr Leonhard nimmt die Plätze zum (⑭) von 350,- Schilling und fragt, um wie viel Uhr die (⑮) beginnt. Er wird die Karten direkt an der Theaterkasse abholen.

<어휘> r Rezeptionist (호텔 등의) 접수계원, 프론트 계원, reservieren 예약하다, s Stück 연극, r Platz 자리, 좌석, beginnen 시작하다, abholen 가지고 가다, 가지러 오다, Bescheid sagen 알려주다, r Portier 수위, 도어맨

[3-3] *Lesen Sie den Dialog und beantworten Sie!*

A: Guten Tag. Ich möchte gern einen Wagen mieten.

B: Selbstverständlich! Und was für ein Auto möchten Sie denn?

A: Tja, ein komfortables ...

B: Schauen Sie mal hier, unser Katalog mit Preisliste.

A: Danke. ... Ja, ich hätte gern den BMW, mit Klimaanlage.

B: Wann brauchen Sie denn den Wagen?

A: Morgen früh.

B: Und um wie viel Uhr werden Sie den Wagen abholen?

A: Gegen 8.

B: Und für wie lange möchten Sie den Wagen mieten?

A: 2 Tage.

B: Würden Sie dann bitte das Formular hier ausfüllen?

A: Selbstverständlich.

B: Danke.

(1) Was für ein Auto hat der Gast gemietet?

(2) Ab wann und wie lange braucht er das Auto?

(3) Um wie viel Uhr holt er das Auto?

<어휘> r Mietwagen 렌터카, einen Wagen mieten 차를 빌리다(임대하다), was für ein Auto 어떤 종류의, komfortabel 편리한, r Katalog 목록, e Preisliste 가격표, e Klimaanlage 냉난방 장치, morgen früh 내일 아침에, abholen 수령하다, 가져오다, das Formular ausfüllen 소정양식을 작성하다

4. Grammatik

4.1. **3격** 지배 전치사

aus, bei, gegenüber (von), mit, nach, seit, von, zu

예 문	전치사구의 질문
Ich komme **aus** dem Büro. *Woher?* Er steigt **aus** der Straßenbahn. *Woher?* ***Außer*** dir habe ich keinen Freund.	장소/건물: ...안에서 밖으로 지명/국명: ..로부터 außer: ...을 제외하고
Er ist **beim** Chef. *Wo?* **Bei** uns gibt es keine Haltestelle. *Wo?* **Bei** diesem Wetter bleibe ich im Bett. *Wann?*	... 집에서, 근처에 ... 때에
Die Apotheke liegt **gegenüber vom** Dom. *Wo?* Die Pinte liegt **gegenüber von** der Post. *Wo?*	장소/건물: ..맞은편/건너편에
Sind Sie **mit** dem Bus gefahren? *Womit?* Wie sprechen Sie **mit** mir? *Mit wem?*	사물/사건:...타고, 가지고 사람: ...와 함께
Ich komme **nach** Hause. *Wohin?* [예외] Ich fahre **nach** Frankreich. *Wohin?* Sie fahren **in die** Türkei/**in die** USA. *Wohin?* Ich komme **nach** der Schule. *Wann?* Er geht **nach** oben. *Wohin?* **Nach** dem Essen fliegt Boris Becker **nach** Berlin.	국명(중성): 관사 없음(..,로 향해) 국명(예외: 여성/남성/복수): in + 4격 시간: ...후에 (장소)부사: ...로 향해
Seit zwei Jahren sehe ich zu . . . *Seit wann?* Er kommt **seit** einem Monat. *Seit wann?*	시간: ...이래로
Ich komme **von** der Arbeit. *Woher?* Ich komme **vom** Arzt. *Woher?* Myonghi ist eine Freundin **von** mir.	장소/사람: ...로부터
Ich gehe **zum** Bäcker. *Wohin?* Wir gehen **zur** Universität. *Wohin?* Wir gehen **zum** Essen. *Wohin?* Ich bin **zu** Hause. *Wo?* [예외] Das schenke ich dir **zum** Geburtstag.	사람: ...에게로 건물(장소): ...로

Wohin?	Wo?	Woher?
Ich gehe **nach** Hause. Er geht **zum** Arzt. Er fährt **zum** Bahnhof. Sie fahren **nach** Bonn.	Ich bin **zu** Hause. Er ist **beim** Arzt. Er ist **am** Bahnhof. Sie fahren **nach** Bonn.	Ich komme **von** zu Hause. Er kommt **vom** Arzt. Er kommt **vom** Bahnhof. Sie kommen **aus Bonn**.

5. Kulturreise

운터 덴 린덴 거리(Unter den Linden): 베를린 산책로 1번지

운터 덴 린덴 거리는 베를린 1번지이다. 우리나라 서울의 세종로에 비견되는 거리명이다. 브란덴부르크 문 근처의 파리광장에서부터 박물관 섬 앞의 궁전다리에 이르는 1.5 킬로미터 이상 되는 이 거리는 화려한 거리 그 자체이다. 이런 속담이 있다: '운터 덴 린덴 거리를 모르는 사람은 베를린을 가본 적이 없는 사람이다.'

http://dhm.de

제13장

번역 및 해답 **

<번역 2-1> A: 안녕하세요. 여기서 관람권을 주문할 수 있습니까?
B: 예. 물론이지요! 어떤 공연용을 주문하시겠습니까?
A: 내일 저녁용 "즐거운 과부" 관람권 4장을 주문하고 싶습니다.
B: 국립 오페라 극장에서. 일등석이나 특별석 중 어느 것을 원하십니까?
A: 가능하면 일등석으로 첫째 열에 나란히.
B: 그렇게 해보겠습니다. 성함은? A: 레온하르트.
B: 오늘 저녁에 알려드리겠습니다. 레온하르트 씨. A: 예. 감사합니다.

<번역 2-2> A: 실례합니다. 여기서 자동차를 빌릴 수 있습니까?
B: 물론입니다! 어떤 자동차를 원하십니까? 여기에 가격표가 있는 우리 상품들이 있습니다.
A: 감사합니다. ... 냉난방장치가 있는 BMW를 했으면 좋겠습니다.
B: 자동차는 언제 필요하십니까? A: 모레 아침에.

<해답 2-2> (1) der BMW mit Klimaanlage (2) übermorgen früh

<번역 3-1> 몇 년 전부터 우리는 가르다 호수 가에서 휴가를 하고 있다. 이 호수는 이탈리아에 있지만, 대부분의 관광객들은 독일에서 온 사람들이다. 이들은 어떻게 이탈리아에 오는 것일까? 아주 흔한 것은 물론 승용차편이다. 가장 빠른 것은 고속도로편이다. 그런데 가르다 호수 가에서 무엇을 할 수 있는가? 등산을 하거나 호수 주변을 산책하거나(선수들에게만!) 아니면 그저 카페에 있는 야자나무 아래에 앉아서 아무 것도 하지 않는다.

<번역 3-2> 레온하르트 씨는 수위에게 관람권 예약을 부탁한다. 그는 내일 저녁용으로 "즐거운 과부" 관람권 4장을 예약하고 싶어 한다. 좌석들은 일등석에 있는 것으로 되도록 첫째 열에 나란히 있는 것을 원한다. 수위는 극장 매표소에 전화를 걸어 관람권을 주문한다. 저녁에 그는 손님에게 알려준다. 그는 특별석 좌석 4개를 사실 의향이 있는지 손님에게 문의한다. 레온하르트 씨는 350 실링의 가격으로 좌석들을 사서는 정각 몇 시에 공연이 시작하는지는 문의한다. 그는 관람권을 직접 극장 매표소에서 가져가기로 한다.

<번역 3-3> A: 안녕하세요. 자동차를 하나 빌리고 싶습니다.
B: 물론이죠! 어떤 승용차를 원하시죠?
A: 음. 편리한 것으로...
B: 가격표가 있는 우리 카탈로그를 한 번 보시지요.
A: 감사합니다. 됐습니다. 냉난방장치가 있는 BMW로 하고싶습니다.
B: 자동차는 언제 필요하시지요?
A: 내일 아침에. B: 정각 몇 시에 차를 가지러 오시겠습니까?
A: 8시경에. B: 그리고 차를 얼마동안 임대하시겠습니까?
A: 2일간. B: 여기 이 서식양식을 기입해주시겠습니까?
A: 물론이죠. B: 감사합니다.

<해답 3-1> ① seit ② am ③ in ④ aus ⑤ nach ⑥ mit ⑦ auf ⑧ Auf ⑨ um ⑩ für ⑪ unter ⑫ im

<해답 3-2> ① Bestellung/Reservierung/Besorgung ② Theaterkarten ③ Karten/Plätze ④ "Lustige Witwe" ⑤ nächsten/folgenden ⑥ Parkett ⑦ Reihen ⑧ ruft ⑨ bestellt ⑩ Bescheid ⑪ Loge ⑫ Gast ⑬ interessiert ⑭ Preis ⑮ Vorstellung

<해답 3-3> (1) BMW mit Klimaanlage (2) Ab dem nächsten Tag (3) 2 Tage lang (4) gegen acht

제14장

****

Abrechnen

1. Redemittel

[1] 계산서

Hier ist Ihre Rechnung. Könnten Sie nachsehen/prüfen, ob alles stimmt?
여기 계산서가 있습니다. 맞는지 확인해보시겠어요?
Für das Extrabett haben wir Ihnen 10 Euro berechnet.
Für das Extrabett bezahlen Sie pro Tag 10 Euro.
추가 침대 값으로 10 유로가 나왔습니다.
추가 침대 값은 매일 10 유로 입니다.

Haben Sie noch etwas aus der Minibar entnommen?
미니바의 물건을 드셨습니까?
Das macht 250 Euro insgesamt. 총계 250 유로입니다.
- Das sind 250 Euro alles inbegriffen/inklusive.
- Der Betrag ist 250 Euro.

Wofür sind die 30 Euro? - Das war ein Coctail an der Bar.
이 30 유로는 무슨 비용이죠? - 그건 바에서 마신 칵테일 값입니다.

Zahlen Sie bar oder mit Kreditkarte? 현금으로 아니면 신용카드로?
Brauchen Sie eine Quittung/einen Beleg? 영수증이 필요합니까?

2. Dialoge

[2-1] *Hören Sie den Dialog und beantworten Sie die Fragen.*

B: Guten Abend! Ich fahre morgen um 9 Uhr ab. Können Sie bitte meine Rechnung bis morgen früh fertig machen?

A: Selbstverständlich. Ihre Zimmernummer, bitte?

B: 204.

A: In Ordnung. Brauchen Sie sonst noch etwas?

B: Ja. Könnten Sie mir bitte ein Taxi für 9 Uhr bestellen?

A: Geht in Ordnung. Gute Nacht.

B: Gute Nacht.

(1) Wann findet der Dialog?

(2) Worum bittet Frau Barber?

<어휘> gegen 9 Uhr 9시경에(참고: um 9 Uhr 정각 9시에), bis morgen früh 내일 아침까지, fertig machen 준비하다, 완성하다, selbstverständlich 물론, die Zimmernummer 방 번호, ein Taxi bestellen 택시를 부르다, Es geht in Ordnung 그렇게 하겠습니다, Gute Nacht 안녕히 주무십시오

[2-2] *Hören Sie nun das darauf folgende Gespräch.*

A: Guten Morgen.

B: Guten Morgen, Frau Barber. Sie reisen ja heute ab.

A: Ja. Ist meine Rechnung schon fertig?

B: Ja, hier, bitte schön.

A: Das sind also 240 Euro. Bitte sehr.

B: Danke. Haben Sie sich bei uns wohl gefühlt?

A: Ja, sehr. Wir gehen jetzt frühstücken. Können Sie unsere Koffer vom Zimmer holen lassen?

B: Selbstverständlich. Ihr Taxi ist schon bestellt.

A: Danke sehr.

B: Bitte sehr. Und gute Fahrt!

(1) In welcher Reihenfolge passiert das? Nummerieren Sie.

① Frau Barber geht frühstücken.

② Sie geht zum Taxi.

③ Sie begleicht die Rechnung.

④ Sie hinterlässt Trinkgeld für den Gepäckträger.

(2) Wie hat Frau Barber die Rechnung beglichen? Kreuzen Sie an.

① mit Scheck

② in bar

③ mit Kreditkarte

<어휘> abreisen(s) 여행을 떠나다, 출발하다, die Rechnung 계산서(Ist meine Rechnung schon fertig? 제 계산서(청구서)가 나왔습니까?)(참고: in bar zahlen 현금으로 지불하다, mit Kreditkarte zahlen 신용카드로 지불하다), der Koffer 트렁크, 여행용 가방, holen lassen 가져오도록 시키다, s Trinkgeld 팁, 봉사료, hinterlassen 뒤에 남기다, begleichen (빚을) 지불하다, 갚다(eine Rechnung begleichen 청구서를 지불하다), r Scheck 수표

3. Praxis

Hotel Consul

Restaurant – Bar – Inh. W. D. OHRNER

Zentrale Lage – Ruhige Zimmer – Jeder Komfort – Parkplatz

Frau Barber
Schießstätte 82
82234 Oberpfaffenhofen

Rechnung

Zimmer:	*20*	*Datum:*	*6.1. …*
Anreise:	*4.1.*	*Rechnung Nr.:*	*14587*
Abreise:	*6.1.*	*Reservierung Nr.:*	*17843/1*

Gast: Paula Barber, Zimmer: 20

Zimmer	*Tage*	*Einzelpreis*	*Gesamtpreis €*
1	2	85,–	170,–
	Saldo Leistungen		170,–

Datum	*Zahlungsart*	*Karten-Nr.*	*Betrag*	*Devisen*	*Währung*	*Zahlung €*
6.1. …	bar			0,00	€	-170,–
		Saldo Zahlungen				-170,–
		Restbetrag				0,00

In dieser Rechnung sind folgende Mehrwertsteuerbeträge enthalten:

MwSt.-Satz	*Netto*	*Mehrwertsteuer*	*Brutto*
16%			170,–

80803 München Schwabing • Viktoriastr. 10 • Telefon 089/ 33 40 35 36 • Fax 089/ 33 40 35 38 • E-Mail hotelconsul@t-online.de • Bank: DSK München Kto.Nr.: 18 002 013

[3-1] *Lesen Sie die Hotelrechnung und beantworten Sie folgende Fragen.*

(1) In welchem Zimmer hat Frau Barber gewohnt?

(2) Wann ist sie eingetroffen?

(3) Wann ist sie abgefahren?

(4) Wie viele Übernachtungen hat sie bezahlt?

(5) Wie viel hat das Zimmer pro Nacht gekostet?

(6) Hat sie Telefon und Garage benutzt?

(7) Wurde die Mehrwertsteuer extra berechnet?

(8) Wurde die Rechnung sofort beglichen?

(9) Was können wir aus der Rechnung sonst noch über das Hotel Consul erfahren?

<어휘> e Hotelrechnung 호텔청구서, eintreffen (예정 장소에) 도착하다, abfahren(s) 출발하다, die Übernachtung 숙박, die Übernachtungen bezahlen 숙박료를 내다, pro Nacht kosten 하루에 값이 ...이다, die Garage 차고, die Mehrwertsteuer 부가가치세, benutzen ...을 사용하다, die Rechnung begleichen 청구서 값을 지불하다, erfahren (경험으로) 알다

[4-2] *Unterstreichen Sie die Ausdrücke zur Verabschiedung.*

A: Das freut mich sehr. Wann fahren Sie denn ab?

B: Wir fahren erst am Nachmittag.

A: Sollte ich Sie nicht mehr sehen, wünsche ich Ihnen eine schöne Heimfahrt und hoffe, Sie kommen nächstes Jahr wieder zu uns.

B: Ja, das hoffe ich auch.

A: Grüßen Sie bitte auch Ihren Sohn!

B: Gern. Vielen Dank. Auf Wiedersehen und alles Gute!

A: Danke. Auf Wiedersehen. Schöne Reise! Kommen Sie gut nach Hause!

<어휘> der Ausdruck 표현, unterstreichen 밑줄을 긋다, die Ausdrücke zur Verabschiedung 작별을 나타내는 표현들, am Nachmittag 오후에, das freut mich sehr 아주 기쁘다. die Heimfahrt 귀향, nächstes Jahr 내년에, zu uns kommen 우리에게 오다, nach Hause kommen 집으로 가다

4. Grammatik

4.1. 4격 지배 전치사

bis, durch, für, gegen, ohne, um, entlang

예 문	의 미	질문
Wir bleiben *bis* nächsten Dienstag.	...까지	bis wann?
Der Zug fährt *bis* Freiburg.		wie lange?
Können Sie mich *bis* zum Theater mitnehmen?		
Kallis Hunde laufen *durch* den Garten.	...을 통해	wodurch?
Ich kenne ihn *durch* einen Freund.	...에 의해	durch wen?
Ich habe nichts *für* das Frühstück besorgt.	...을 위해	wofür?
Ich habe nichts *für* meinen Mann gekauft.		für wen?
Er ist *gegen* meinen Wagen gefahren.	...을 향해	gegen was?
Der Chef hat was *gegen* mich.		gegen wen?
Ich komme gegen 8 Uhr (nicht später).	대략	wann?
Wie soll ich wach werden *ohne* meinen Kaffee?	....없이	ohne was?
Ich kann *ohne* dich nicht leben?		ohne wen?
Er kommt *um* das Haus.	...주위에	worum?
Die Kinder laufen *um* den Tisch.		
Ein normales Fahrrad kostet *um* die 300,- DM.[부정확]	대략	was/wieviel?
Die Maschine startet *um* 12:20 Uhr.[정확]	...시에(at)	

<주의**1**>

· 질문: 사물/사실 → womit? - wovon? - wofür?

사람 → mit wem? - von wem? - für wen?

· ***in, an, vor* + 3격 → wo?; *in, an, vor* + 4격 → wohin?**

Ich bin *in **der*** Pinte. Wo? Ich komme *in **die*** Pinte. Wohin?

<주의**2**>

· **bis**는 보통 다른 전치사와 함께 사용되며 격은 후자의 지배를 받는다.

bis zum Tod = *bis an* den Tod 죽을 때까지

· **bis auf**: '포함'과 '제외'의 두 가지 의미가 있음

Sie starben bis auf den letzten Mann. 마지막 사람까지 죽었다.

Sie starben alle bis auf drei. 3명을 제외하고 모두 죽었다.

5. Kulturreise

독일판 베네치아: 드레스덴(**Dresden**) 야경

엘베 강 언덕에서 바라보는 드레스덴 구도심지의 모습은 아름다움 그 자체이다. 작센(Sachsen) 주의 수도인 드레스덴은 제2차세계대전 때 거의 파괴되었다가 복원된 도시이기도 하다. 2005년에는 바로크 양식의 성모교회(Fauenkirche)가 재건되었다(위 사진). 드레스덴에 있는 녹색 돔(Grüne Gewölbe)은 유럽에서 가장 화려한 보물 중 하나이다.

http://dresden.de

http://meissen.de

제14장

번역 및 해답 **

<번역 **2-1**> B: 안녕하세요! 내일 9시 정각에 떠납니다. 내일 아침까지 계산서를 준비해주실 수 있습니까?
A: 몰론이죠. 호수가 어떻게 되죠?
B: 204호.
A: 됐습니다. 그밖에 원하시는 게 있습니까?
B: 예. 9시에 택시를 호출해 주시겠습니까?
A:알겠습니다. 안녕히 주무십시오.
B: 안녕히 주무세요.
<번역 **2-2**> A: 안녕하세요.
B: 안녕하세요. 바버 부인. 오늘 떠나시죠.
A: 그렇습니다. 내 계산서가 나왔겠죠?
B: 예. 여기 있습니다.
A: 그러니까 240 유로입니다. 여기 있습니다.
B: 감사합니다. 우리 호텔에서 잘 지내셨습니까?
A: 예. 아주 좋았어요. 이제 아침식사를 하러 가겠습니다. 우리 여행용 가방들을 방에서 가져오도록 해주시겠습니까?
B: 물론이죠. 택시는 이미 호출해놨습니다.
A: 정말 감사합니다.
B: 천만에요. 안녕히 가십시오!

<해답 **2-1**> (1) Am Abend vor der Abreise (2) Sie bittet um die Rechnung.
<해답 **2-2**> (1) ③-①-④-② (2) ②

<번역 **3-2**> A: 반갑습니다. 언제 떠나시죠?
B: 우리는 오후에야 출발합니다.
A: 이게 마지막인가요. 멋진 귀향이 되기를 바랍니다. 그리고 내년에 다시 우리 호텔에 와주시기를 바랍니다.
B: 예. 나도 그러기를 바랍니다.
A: 당신 아들에게도 안부를 전해주십시오!
B: 알겠습니다. 감사합니다. 안녕히 계십시오 그리고 모든 것이 잘 되기를 빕니다!
A: 감사합니다. 안녕히 계세요. 좋은 여행되십시오! 안녕히 가십시오!

<해답 **3-1**> (1) 20 (2) am 4.1. (3) am 6.1. (4) 2 (5) 85 Euro (6) nein (7) nein (8) ja (9) Inhaber, Restaurant, Bar, Parkplatz, ruhig, Komfort, zentrale Lage(München Schwabing), Adresse, Telefon, Fax, E-Mail, Bankverbindung
<해답 **3-2**> ① Sollte ich Sie nicht mehr sehen, wünsche ich Ihnen eine schöne Heimfahrt und hoffe, Sie kommen nächstes Jahr wieder zu uns. ② Grüßen Sie bitte auch Ihren Sohn! ③ Auf Wiedersehen. Schöne Reise! Kommen Sie gut nach Hause!

제 15 장

****

Verabschieden

1. Redemittel

[1] 분실

Haben wir bei Ihnen einen Paß liegen lassen?

거기에 혹시 우리가 여권을 두고 오지 않았나요?

[2] 작별

Sie reisen heute ab? 오늘 떠나시죠?

Hoffentlich hatten Sie eine schöne Zeit bei uns!

우리 호텔에서 좋은 시간을 가지셨기를 바랍니다!

Hoffentlich kommen Sie nächstes Jahr wieder!

- Hoffentlich haben Sie sich bei uns wohl gefühlt!

Hoffentlich hat es Ihnen bei uns gefallen!

Haben Sie noch Wünsche und Anregungen?

내년에도 다시 오시기를 바랍니다!

우리 호텔에서 편안한 시간 되셨기를 바랍니다!

우리 호텔이 마음에 드셨기를 바랍니다.

더 원하시는 것과 조언하실 것이 있으십니까?

Bis nächstes Jahr!/Bis zum nächesten Mal!/Bis zum nächsten Sommer!

Ich wünsche Ihnen eine schöne Heimfahrt/einen guten Rückflug.

Ich wünsche Ihnen eine gute Heimfahrt/Reise/Heimreise!

내년에 다시 뵙겠습니다!/다음에 또 뵙겠습니다!/내년 여름에 또 뵙겠습니다!

안녕히 가십시오.

[3] 예약

Wenn Sie in der Hochsaison kommen wollen, sollten Sie so bald wie möglich reservieren. 성수기에 오시려면 되도록 빨리 예약하셔야 합니다.

2. Dialoge

[2-1] *Lesen Sie zuerst die Hotelrechnung. Hören Sie dann den Dialog. Welche Aussagen stimmen?*

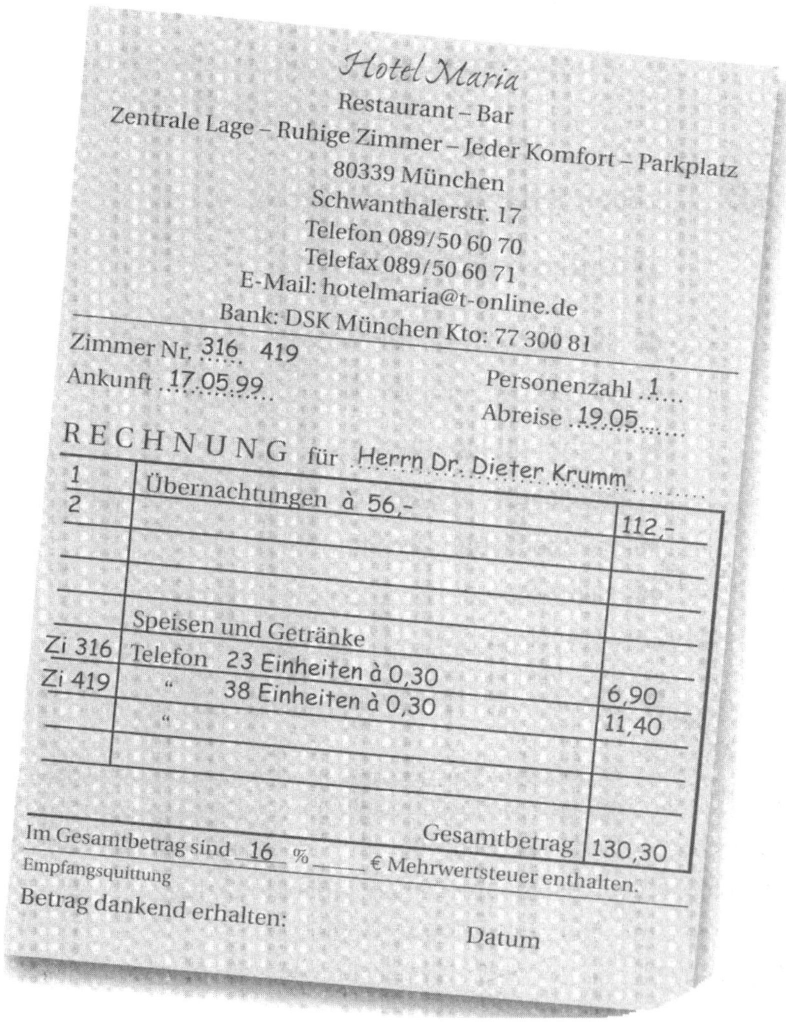

Hotel Maria
Restaurant – Bar
Zentrale Lage – Ruhige Zimmer – Jeder Komfort – Parkplatz
80339 München
Schwanthalerstr. 17
Telefon 089/50 60 70
Telefax 089/50 60 71
E-Mail: hotelmaria@t-online.de
Bank: DSK München Kto: 77 300 81

Zimmer Nr. 316 419
Ankunft 17.05.99 Personenzahl 1
Abreise 19.05.

RECHNUNG für Herrn Dr. Dieter Krumm

1	Übernachtungen à 56,-	
2		112,-
	Speisen und Getränke	
Zi 316	Telefon 23 Einheiten à 0,30	
Zi 419	" 38 Einheiten à 0,30	6,90
	"	11,40
	Gesamtbetrag	130,30

Im Gesamtbetrag sind 16 % ____ € Mehrwertsteuer enthalten.
Empfangsquittung
Betrag dankend erhalten: Datum

A: Guten Tag!

B: Guten Tag! Entschuldigen Sie. Hier stimmt etwas nicht.

A: Bitte?

B: Sie haben mir ein Telefongespräch zu viel berechnet. Am 17. habe ich gar nicht telefoniert. Ich war den ganzen Tag weg und bin erst in der Nacht zurückgekommen.

A: Das kann man sofort nachprüfen. Können Sie mir die Rechnung zeigen, bitte?

B: Hier.

A: Also. Am 17., Zimmer Nummer 316. Einen kleinen Moment, bitte. - Ja, Sie haben Recht. Sie haben das Zimmer gewechselt, und dadurch ist uns der Fehler unterlaufen. Das sind dann 11 Euro 50 weniger ... 131 Euro, bitte!

B: Bitte, bitte. Das kann passieren.

	richtig	falsch
① Der Gast hat eine Reklamation.		
② Die Rechnung ist auf die falsche Nummer ausgestellt.		
③ Der Rezeptionist überprüft die Angelegenheit.		
④ Es wurde ein Telefongespräch zu viel berechnet.		
⑤ Der Rechnungsbetrag wird gekürzt.		

<어휘> etwas stimmt nicht 약간(뭔가) 맞지 않다, das Telefongespräch 전화대화, zu viel 너무 많이, berechnen 산출하다, 산정하다, den ganzen Tag 하루종일, weg sein 출타중이다, in der Nacht 밤에, zurückkommen 돌아오다, nachprüfen 다시 검사하다, zeigen 보여주다, einen kleinen Moment 잠깐만요, das Zimmer wechseln 방을 혼동하다, dadurch 그래서, 그 때문에, der Fehler unterlaufen 실수를 저지르다, der Betrag 총액, 금액, ich war ganz sicher, ...이 맞았지요, bitten um et.4 ...을 부탁하다, das kann passieren 그럴 수도 있지요, e Reklamation 항의, 불평, ausstellen 발급/교부하다, 진열하다, überprüfen 검토하다, r Rechnungsbetrag 계산서의 총액, kürzen 감소시키다, (논문을) 간단히 하다

[2-2] *Bitte hören Sie zu und antworten Sie.*

A: Guten Tag, Frau Dr. Lang. Kann ich etwas für Sie tun?

B: Ja, bitte. Ich reise heute ab und muss noch meine Sachen aus dem Safe holen.

A: Selbstverständlich. Ich komme sofort.

B: Danke.

A: Hier, bitte. Hatten Sie schöne Tage bei uns?

B: Ja, herrlich! Wir hatten Glück mit dem Wetter. Und die Atmosphäre bei Ihnen war wie immer sehr angenehm.

A: Das freut uns sehr. Wann fahren Sie ab?

B: Wir fahren erst am Nachmittag.

A: Sollte ich Sie nicht mehr sehen, wünsche ich Ihnen eine schöne Heimfahrt und hoffe, Sie kommen nächstes Jahr wieder zu uns.

B: Ja, das hoffe ich auch.

A: Grüßen Sie bitte auch Ihren Sohn!

B: Gern. Vielen Dank! Auf Wiedersehen und alles Gute!

A: Danke! Auf Wiedersehen! Schöne Reise! Kommen Sie gut nach Hause!

(1) Warum geht Frau Dr. Lang zur Rezeption?

(2) Ist sie Stammgast des Hotels?

(3) Welche Ausdrücke werden hier zur Verabschiedung verwendet?

(4) Was kann man sonst noch in dieser Situation sagen?

<어휘> e Sache 물건, s Safe 금고, (은행의)대여보관함, e Heimfahrt 귀향, nächstes Jahr 내년에(4격 명사구로서 시간부사어), grüßen jn. ...에게 안부전하다, r Sohn 아들, Kommen Sie gut nach Hause! 안녕히 가십시오!, e Rezeption (호텔의) 프런트, 접수대, r Stammgast 단골손님, verwenden zu D. ...을 위해 사용하다

[2-3] Fundsachen

A: Hotel 'Consul'.

B: Hier ist Schmidt. Ich rufe aus Berlin an. Sagen Sie, haben wir bei Ihnen ein Schlüsselbund liegen lassen?

A: Ein Schlüsselbund? - Augenblick, bitte! Ja, Sie haben Glück gehabt. Wir haben Ihr Schlüsselbund gefunden.

B: Gott sei Dank. Können Sie's mir zuschicken? Unsere Adresse haben Sie ja.

A: Kein Problem, machen wir.

<어휘> s Schlüsselbund 열쇠꾸러미, zuschicken jm. etw. ...에게 무엇을 보내다

3. Praxis

[3-1] *Was sagen Sie, wenn...*

(1) ... Sie die Abrechnung vorlegen?

(2) ... Sie einen Teilbetrag rechtfertigen wollen?

(3) ... Sie die Post nachsenden müssen?

(4) ... Sie wissen wollen, ob der Gast mit den Hotelleistungen zufrieden war?

(5) ... Sie einen Stammgast verabschieden?

(6) ... in der Rechnung ein Fehler ist?

<어휘> die Abrechnung vorlegen 결제하다, r Teilbetrag 할부금, 분담금, rechtfertigen 정당화하다, 정당함을 입증하다, nachsenden 나중에 보내다, 추송하다, zufrieden mit D. sein ...에 만족하다, e Hotelleistung 호텔의 능력, Stammgast 단골손님, verabschieden 작별하다

[3-2] *Lesen Sie den Dialog und sagen Sie die richtige Lösung.*

A: Guten Tag!

B: Guten Morgen!

A: So, könnten wir jetzt abrechnen?

B: Ja, natürlich, sofort.... Haben Sie sich bei uns wohl gefühlt?

A: Oh ja, wir haben uns wirklich gut erholt in diesen drei Tagen... und die Küche ist hier phantastisch! Das hatten uns auch schon unsere Bekannten gesagt.

B: Ah ja? Darf ich fragen, wer Ihnen unser Haus empfohlen hat?

A: Herr und Frau Scholz waren in den Herbstferien hier... und in der Zeitung stand auch ein Artikel vor ein paar Monaten...

B: Ach so... ja, das freut mich...

A: Alles entspricht völlig dem, was wir gelesen hatten... auch der Service auf der Etage und die Kosmetikabteilung... Wir denken schon daran, die nächsten großen Ferien wieder bei Ihnen zu verbringen.

B: Oh, schön. Wenn Sie in der Hochsaison kommen wollen, sollten Sie so bald wie möglich reservieren. Also, unsere Stammgäste reservieren normalerweise schon fürs nächste Jahr.

A: Aber es reicht doch auch, wenn Sie unsere Reservierung so gegen Ende Februar bekommen, oder?

B: Ja, aber wenn Sie die Zeit schon wissen, kann ich Sie schon vormerken, dann hätten Sie schon mal eine Option.

A: Ich müsste noch mit meiner Frau darüber sprechen - aber ich kann sicherlich in den nächsten Tagen anrufen.

B: Ja, sehr schön. Noch eine Frage: Haben Sie sonst Wünsche oder Anregungen, was unseren Service, ... die Zimmer .... betrifft?

A: Wir fanden wirklich alles sehr, sehr gut... Nur, wissen Sie, wir haben im Zimmer etwas vermisst: Der Schrank ist zwar sehr groß, mit vielen Kleiderbügeln und so, aber es gibt keine einzige Schublade ... kein Fach ...

B: Da haben Sie Recht, das haben uns andere Gäste auch schon gesagt. Wir denken gerade über eine Lösung nach.

A: Prima. Aber sonst war wirklich alles sehr angenehm.

B: Wunderbar. Und hier ist Ihre Rechnung. Würden Sie bitte prüfen, ob alles...

(1) Die Gäste haben sich ① sehr gut ② gut ③ nicht so gut gefühlt.

(2) Sie wurden ① durch Bekannte ② durch Werbung ③ durch Bekannte und Werbung auf das Hotel aufmerksam gemacht.

(3) Sie werden ① bald an einem Wochenende ② in der Hochsaison ③ nie wieder kommen.

(4) Sie waren mit ① der Verpflegung ② der Zimmerausstattung ③ dem Beauty-Angebot nicht ganz zufrieden.

<어휘> abrechnen 결산하다, 셈하다, vor ein paar Monaten 몇 달 전에(여기서 ein paar 몇몇의(참고: ein Paar 한 쌍/켤레 → ein Paar Schuhe 구두 한 켤레)), sich wohl fühlen 편안하게 지내다, 쾌적하게 지내다, sich erholen 휴양하다, 휴식하다, e Küche 음식, 요리, phantastisch 환상적인, r/e Bekannte 친구, 아는 사람, Darf ich fragen, wer Ihnen unser Haus empfohlen hat? 우리 호텔을 누가 추천해주던가요? die Kosmetikabteilung 화장품 코너, verbringen (시간을) 보내다, (일정기간동안) 머물다, in der Hochsaison 성수기에, es reicht doch auch, wenn ...으로도 충분하지요, die Reservierung bekommen 예약을 받다, vormerken 예약하다(= reservieren), vermessen 분실하다, r Kleiderbügel 양복걸이, e Schublade 서랍, s Fach 함, 서랍, nachdenken über A. ...에 대해 곰곰이 생각하다, e Lösung 해결책, e Zimmerausstattung 실내장식, s Beauty-Angebot 미용제품

4. Grammatik

4.1. wenn: Konditionalsatz(조건절)

Was sagen Sie, **wenn** Sie die Abrechnung vorlegen?

4.2. Hauptsatz und Nebensatz(1): dass-Satz(dass-절)

- 주문장과 주문장이 연결될 때에는 '주어+동사+목적어/보어'의 어순(정치 어순)을 취한다.

주문장1	주문장2
Robinson sieht:	Er **ist** auf einer Insel gelandet.

- 주문장과 부문장이 종속접속사(예, dass, wenn)로 연결될 때 부문장의 정동사는 후치한다(후치 어순).

주문장	접속사	부문장	
Robinson sieht,	**dass**	er auf einer Insel gelandet	**ist.**
Er **hofft,**	dass	er nicht allein auf der Insel	**ist.**
Günther sagt,	dass	sie viel Spaß an ihrer Kunst	**haben.**

→ sehen, hoffen, erzählen, sagen, dass + 진술/생각

- **Hauptsatz und Nebensatz(2): Kausalsatz(인과절)**

주문장1	주문장2
Robinson sät und erntet Getreide.	Er **will** Brot backen.

주문장 →	접속사 부문장=인과문
Robinson sät und erntet Getreide,	**weil** er Brot backen **will.**

→ 사태 weil + 원인/이유

5. Kulturreise

크리스마스장터(Weihnachtsmarkt): 크리스마스를 학수고대하며

크리스마스를 밝히는 불빛이 빛날 때면 독일의 모든 도시들은 전통적인 크리스마스 장터에서 강림절 주간 축제를 벌인다. 이곳 뤼벡(Lübeck)과 같은 유서깊은 도시의 크리스마스 장터 세트는 특히 아름답다. 독일에서 가장 유명한 크리스마스 장터는 뉘른베르크(Nürnberg)의 것이다. 그 동안 크리스마스 장터는 사랑받는 수출품목이 되었는데, 우리나라에서도 몇 년 전부터 서울의 무역전시관에서 열린다.

http://erzgebirge.org

제15장

번역 및 해답 **

<번역 2-1> A: 안녕하세요!
B: 안녕하세요! 실례지만, 여기에 약간 틀린 것이 있습니다.
A: 뭐라고요?
B: 내 전화대화 요금을 너무 많이 계산했는데요. 17일에 나는 전화를 한 적이 없습니다. 나는 하루종일 출타 중이었고 밤에야 돌아왔습니다.
A: 그 점은 금방 확인해볼 수 있습니다. 청구서를 보여주시겠습니까?
B: 여기 있습니다.
A: 그러니까 17일 316호실. 잠깐만. - 예. 맞습니다. 손님께서 방을 바꾸셨군요. 그래서 우리가 착오를 일으켰습니다. 그러면 11 유로 50 센트가 적어집니다. ... 131유로입니다!
B: 괜찮습니다. 그럴 수도 있지요.

<번역 2-2> A: 안녕하세요. 랑 박사님. 제가 도와드릴 게 있습니까?
B: 예. 오늘 떠나는데, 내 물건들을 금고에서 가져와야 하는데.
A: 물론이죠. 곧 가겠습니다.
B: 감사합니다.
A: 여기 있습니다. 우리 호텔에서 좋은 날들을 보냈습니까?
B: 네. 좋았습니다! 다행히 날씨가 좋았습니다. 그래서 이곳 호텔의 분위기가 늘 그랬듯이 아주 편안했습니다.
A: 기쁩니다. 언제 떠나시죠?
B. 오후에야 떠납니다.
A: 이게 마지막인가요. 멋진 귀향이 되기를 바랍니다. 그리고 내년에 다시 우리 호텔에 와주시기를 바랍니다.
B: 예. 나도 그러기를 바랍니다.
A: 아드님에게도 안부를 전해주십시오!
B: 알겠습니다. 감사합니다. 안녕히 계십시오 그리고 모든 것이 잘 되기를 빕니다!
A: 감사합니다. 안녕히 계십시오. 좋은 여행되십시오! 안녕히 가십시오!

<해답 2-1> richtig: ① ③ ④ ⑤, falsch: ②

<번역 3-2> A: 안녕하세요!
B: 안녕하세요!
A: 예. 지금 결산을 할 수 있을까요?
B: 예. 물론이죠. 당장... 우리 호텔에서 편안하게 보내셨는지요?
A: 아 예. 이번 3일 동안 정말 좋은 휴양이 되었습니다. 그리고 여기 음식은 정말 좋았어요! 그것을 우리 친지들에게도 벌써 말했어요.
B: 그래요? 누가 손님에게 우리 호텔을 추천하시던가요?
A. 숄츠 부부가 가을휴가 때 여기에 머물렀지요. 그리고 몇 달 전에 신문에 기사도 났어요.
B. 아 그렇군요... 기쁩니다.
A: 모든 것이 우리가 읽었던 것과 일치하는군요. 층의 서비스도 그렇고 미용실도... 우리는 다음 번 긴 휴가도 이곳 호텔에서 보내기로 작정했어요.

B: 예. 잘하셨습니다. 성수기에 오시고 싶으시면 되도록 빨리 예약을 하셔야 합니다. 그리니까 우리 단골손님들은 대개 내년을 위해 미리 예약을 하지요.
A: 2월 말경에 예약을 한다면 충분하지 않을까요?
B: 그래요. 하지만 시기가 이미 정해졌다면 예약해드릴 수 있습니다. 그러면 선택권은 손님에게 있죠.
A: 부인과 그 문제에 대해 이야기를 해봐야겠군요. - 며칠 안에 꼭 전화를 하겠습니다.
B: 예. 좋습니다. 한 가지 질문만 더. 그밖에 원하시는 것이 있습니까? 우리들의 서비스 ... 방 ... 등과 관련해서.
A: 모든 것이 정말 좋았던 것 같아요. 그런데 다만 아쉬운 게 있었어요. 옷장은 매우 크고 옷걸이도 많았지만, 서랍 ... 서랍이 하나도 없데요.
B: 맞습니다. 다른 손님들도 그런 말씀을 하신 적이 있었죠. 해결책을 생각중입니다.
A: 좋아요. 그밖에는 모두가 아주 만족스럽습니다.
B: 예. 영수증 여기 있습니다. 모든 것이 .. 인지 확인해보시겠습니까?

<해답 3-1> (1) Hier ist Ihre Rechnung. Könnten Sie prüfen, ob alles stimmt? (2) Für das Extrabett haben wir Ihnen 20 Euro berechnet. (3) Die Rechnung werden wir an Herrn Lee schicken. (4) Hoffentlich hatten Sie eine schöne Zeit bei uns! Wir hoffen, dass es Ihnen hier gut gefallen hat! (5) Auf Wiedersehen! Bis nächstes Jahr! (6) Das kann man sofort nachprüfen. Können Sie mir die Rechnung zeigen, bitte?
<해답 3-2> (1) ① (2) ③ (3) ② (4) ②

참고문헌

Apelt, H.P./M.L. Apelt(2000). plus deutsch. 1-3. München: Hueber.

Aufderstraße, H. et al.(1995). Themen neu I~III. München: Hueber.

Barberis, P. et al.(1995). Deutsch im Hotel. 1. München: Hueber.

Barberis, P. et al.(1995). Deutsch im Hotel. Gespräche führen. München: Hueber.

Bovermann, M. et al.(2005). Schritte 1-6. Ismaning: Hueber.

Cohen, U./K.H. Osterloh(1986). Herzlich willkommen. Deutsch für Fortgeschrittene in Hotel, Restaurant und Tourismus. Lehrbuch, Arbeitsbuch. Berlin: Langenscheidt.

Fandrych, CH./U. Tallowitz(2000). Klipp und klar. Übungsgrammatik Grudstufe Deutsch in 99 Schritten. Stuttgart: Klett.

Parks, W.(2000). Pons Traveller's Language Guide: German. Stuttgart: Klett.

Wergen, J./A. Wörner(2006). Im Griff Bürokommunikation DEUTSCH. Stuttgart: Klett.

박재희(2006). 독일어 여행회화. 일진사.

이성만(2000). 핵심독일어. 서울: 경진문화사.

이창복(2006). 여행독일어. 김영사.

플랜(2006). 여행독일어. 김영사.

천미애(2006). 여행독일어. 학일출판사.

여행하며 만나는 독일어

인쇄일 2007년 12월 24일
발행일 2007년 12월 31일

저 자 이 성 만
발행인 정 순 훈
발행처 배재대학교 출판부
㊄ 302-735 대전광역시 서구 연자1길 14 (도마2동 439-6)
TEL. (042)520-5312 / http://www.pcu.ac.kr/~press
인쇄처 대 운 사
TEL. (042)520-5475 / FAX. (042)524-5835

ISBN 978-89-87036-19-9 정가 ₩ 10,000원